HANDIS

introduction

이 인 자

현) 아시아머신소잉협회(AMSA) 이사
심플소잉 청주 가경점 운영

바느질이 무엇인지도 몰랐던 열아홉, 진학으로 처음 접한 재봉틀로 하는 바느질은 생소하고도 어려운 학습이었고, 재봉틀로 하는 바느질이 어떤 것인지 조금이나마 알게 될 즈음 의상에 관련된 일을 하게 되었습니다. 일이 재미있기는 했지만, 그 당시에는 하고 싶은 일이라기보다 막연히 '내가 해야만 하는 일'이라는 생각이 더 크게 자리 잡고 있었던 것 같습니다.

그러던 어느 날 선생님께서 "예쁜 원단을 골라 네가 입을 수 있는 옷을 만들어 봐."라는 말씀에 설렘 가득한 마음으로 디자인을 하고, 고심하여 원단을 선택하고, 그에 맞는 부자재를 고르며 들떴던 것들이 생각납니다. 비록 만드는 작업은 전문인들에 맡겨져 만들어졌지만, 완성된 옷을 입고 대단한 것을 이룬 듯한 큰 기쁨의 감정이 아직도 생생한 기억으로 남아 있습니다.

그 일을 계기로 옷을 만드는 것은 제게 하고 싶은 일이 되었지만, 오랜 시간이 지나지 않아 그만두게 되었습니다. 그 후 10여 년의 공백기가 있었고, 두 아이가 커가면서 시간의 여유가 생겨 그동안 잊고 지냈던 재봉틀을 다시 시작하게 되었습니다.

소소한 것들을 만들며 직접 만드는 즐거움을 알게 되었고, 행복함을 얻게 되면서 '이 일을 해야겠다.' 라는 간절한 바람이 생겼습니다. 그렇게 하여 '심플소잉' 청주 가경점을 시작하게 되었고, 좋아하는 일을 하다 보니 서적 출간의 좋은 기회가 찾아왔습니다. 처음엔 '과연 내가 해낼 수 있을까?' 하는 걱정이 앞섰지만 '해보자!' 라고 마음을 정하게 되었습니다.

소잉 공방을 운영해온 다년간, 찾아주시는 많은 분들이 옷 만들기에 관심이 있다는 것을 알았고, 손수 만든 옷을 자신의 아이에게 입혀주기를 소망하시는 것을 보아왔습니다. 그들은 열정을 가지고 천천히 배워 나아가며, 비록 대단한 완성도의 옷이 아니더라도 직접 만들어 내 아이에게 입혀준다는 마음에 환한 웃음이 가득해서 돌아가십니다. 아마 그 웃음이 쉽지 않던 소잉 공방 운영을 오랫동안 할 수 있게 한 가장 큰 힘이 아니었을까 하는 생각이 드네요.

그래서 출간할 책에 아이와 함께 편하게 입을 수 있으면서 어렵지 않게 만들 수 있는 옷 만들기에 대한 내용을 담고 싶었습니다. 누군가를 위해 무언가를 직접 만든다는 것은 설레고 행복한 일입니다. 나와 내 아이가 입을 옷을 사랑 가득 담긴 행복한 바느질로 만들어 보시기를 희망합니다. 아이와 함께 작품을 정하고 원단을 골라서 엄마의 정성스러운 바느질로 만들어진 옷을 함께 입는다면 평생 기억될 소중한 추억이 되지 않을까 싶습니다.

올여름과 가을 빠르게 지나가는 시간 속에서, 턱없이 부족한 체력으로 패턴을 그리고 수정하며 부딪히는 나의 부족함에 맘처럼 순조롭게 진행되지 않은 적도 있었지만 정성껏 만든 완성 작품이 나올 때마다 나 자신을 토닥이며 격려해 주었습니다. 무엇보다 책을 펼쳐보실 분들께서 행복한 바느질을 할 수 있으면 좋겠다는 바람으로 여기까지 올 수 있었던 것 같습니다. 끝으로 곁에서 응원해 주고 격려해 준 사랑하는 가족들과, 끝맺음을 가질 수 있도록 도와주신 서적 관계자 모든 분들께 깊은 감사를 표합니다.

엄마의 사랑 가득 담긴 바느질로 커플룩을 만들어 보시길 소망하며 이 책을 만들었던 것이 벌써 3년을 훌쩍 넘어 개정판으로 접하게 되었습니다.
'리넨으로 만드는 엄마와 딸의 커플룩 36'에 관심을 가져주시고 사랑해 주신 많은 분들 덕이란 생각이 듭니다. 그분들께 무한한 감사의 마음을 전합니다. 앞으로도 이 책을 펼쳐 보실 분들 모두 행복한 바느질이 되시길 바랍니다.

2022년 12월 이인자 드림

prologue

아이와 함께 커플로 입는다는 건
모든 엄마들의 소망이지 않을까 싶습니다.
이런 소망이 이루어지길 바라는 마음으로
따뜻한 사랑을 담아 준비했습니다.

아이를 위한 엄마의 정성스러운 바느질로
완성된 옷을 함께 즐겨 입는다면
아이에게는 평생 잊지 못할
소중한 추억이 될 거예요.

우리 아이에게 선물할
소중한 추억을 저희와 함께
시작해 보세요.

그 시작이 당신의 아이에게
커다란 행복을 가져다줄 거예요.

contents

P.2	작가의 말
P.4	프롤로그
P.6	목차
P.8	인덱스

P.10	a. daily look
P.24	b. picnic look
P.34	c. living look
P.42	d. couple item

P.52	에필로그
P.54	비하인드
P.56	기초 부자재
P.58	미싱 소개
P.62	소잉을 시작하기 전에
P.66	원 포인트 레슨
P.70	일러스트 제작 설명서

index

a. daily look ─────

| 셔츠 원피스 & 셔츠 | P.11 / P.72~75 | 퍼프소매 블라우스 | P.14 / P.76~78 | 배기 팬츠 | P.16 / P.79~81 |

    no.01   no.02   no.03

    no.04   no.05

    no.06   no.07

b. picnic look ─────

| 서스펜더 스커트 | P.25 / P.90~92 | 프릴넥 블라우스 | P.26 / P.93~95 | 프릴넥 원피스 | P.28 / P.96~98 |

  no.14 no.15

  no.16 no.17

  no.18 no.19

c. living look ─────

| 어깨끈 에이프런 | P.35 / P.108~110 | 사이드 리본 에이프런 | P.38 / P.111~113 | 홈웨어 | P.40 / P.114~116 |

  no.24 no.25

  no.26 no.27

  no.28 no.29

| 턱 스커트 | P.18 / P.82~84 | 사이드 포켓 원피스 | P.20 / P.85~86 | 로브 카디건 | P.22 / P.87~89 |

no.08   no.09   no.10   no.11   no.12   no.13

| 더블 버튼 원피스 | P.30 / P.99~104 | 롱 자켓 | P.32 / P.105~107 |

no.20   no.21   no.22   no.23

d. couple Item

| 벙거지 모자 | 세일러 넥 스카프 | 플리츠 넥 스카프 | 클러치백 | 둥근 크로스백 |
| P.43 / P.117~118 | P.44 / P.119~120 | P.46 / P.121 | P.48 / P.122~124 | P.50 / P.125~127 |

no.30 / no.31   no.32 / no.33   no.34   no.35   no.36

a

daily look

일상 속에서 함께 즐길 수 있는 엄마와 아이의 데일리 룩을 담았습니다.
티셔츠부터 원피스, 그리고 아우터까지. 언제 어디서나 가볍게 즐길 수 있는
아이템들로 구성되어 있어 부담스럽지 않게 코디가 가능합니다.
심플한 아웃핏에 다양한 디테일들이 멋스러움을 더해주어 세련됨과 동시에 편안함까지 놓치지 않은
멋진 데일리 룩을 내 손으로 직접 만들어 보세요. 평범한 일상을 더욱 특별하게 변화시켜 줄 거예요.
항상 좋은 것만 보고 느끼게 해주고 싶은 우리 아이에게, 직접 고른 원단과 부자재로
서로를 꼭 닮은 모습처럼 맞춤 옷 한 벌 제작해 선물해 보세요.

셔츠 원피스 & 셔츠 / 퍼프소매 블라우스 / 배기 팬츠 / 턱 스커트

사이드 포켓 원피스 / 로브 카디건

셔츠 원피스 (Shirt dress)

데일리로 입기 좋은 셔츠 원피스입니다. 오픈칼라 스타일로 양 옆선에 트임을 주어 활동하기 편한 아이템입니다. 엄마는 허리끈이 있어 가볍게 묶어 허리라인을 슬림하게 보일 수 있도록 만들었습니다.

how to make > no.01, 02 ... P.72
no.01 사용 원단 > 드프렌치 린넨 샴브레이 무지 딥블루 그린

no.02 사용 원단 > 리투아니아 린넨 선염 핀스트라이프 그린

셔츠 (Shirt)

no.02 셔츠 원피스에서 짧게 셔츠로도 제작이 가능한 디자인입니다. 여아뿐만 아니라 남아까지도 입을 수 있어 활용도가 높은 아이템입니다.

how to make > no.03 ⋯ P.75

no.03

no.03 사용 원단 > 리투아니아 린넨 선염 핀스트라이프 스카이

퍼프소매 블라우스 (Puff sleeve blouse)

소매산에는 주름을 넣고, 소매 밑단에는 고무줄을 넣어 볼륨감을 준 블라우스입니다.
넓은 몸판으로 착용감이 좋으며, 뒷트임이 있어 입고 벗기 편한 디자인입니다.
아이와 함께 사랑스러운 분위기를 연출해 보세요.

no.04 no.05

how to make > no.04, 05 ⋯ P.76
no.04, 05 사용 원단 > 리투아니아 린넨 샴브레이 무지 오프화이트

배기 팬츠 (Baggy pants)

언제든지 입기 좋은 칠부 기장의 배기 팬츠입니다.
허리에 고무줄을 넣어 편하게 착용 가능한 아이템이며,
아이는 긴 기장과 칠부 기장, 2가지 디자인으로 제작이 가능합니다.
다양한 원단으로 여러 벌 만들어 아이와 함께 다양한 커플룩을 연출해 보세요.

no. 06

no. 07

how to make > no.06, 07 … P.79
no.06,07(칠부 기장) 사용 원단 > 드프렌치 린넨 샴브레이 무지 네이비
no.07(긴 기장) 사용 원단 > 드프렌치 린넨 샴브레이 무지 차콜

no.08
no.09

턱 스커트 (Tuck skirt)

하나쯤 가지고 있으면 화사한 분위기를 낼 수 있는 스커트입니다. 엄마는 앞판에 턱 주름을 잡고, 아이는 풍성한 주름을 잡아 디테일을 달리하여 만든 아이템입니다. 컬러풀한 색과 무늬의 원단으로 로맨틱한 커플룩을 완성해 보세요.

how to make > no.08, 09 ... P.82

no.08 사용 원단 > 유와 린넨 라이브라이프 바네사 블랙
no.09 사용 원단 > 리투아니아 린넨 샴브레이 무지 옐로우

사이드 포켓 원피스 (Side pocket dress)

양 옆선에 주머니를 달아 만든 낙낙한 품의 원피스입니다. 뒷트임이 있어 입고 벗기 편하며, 벙거지 모자(no.30&no.31)와 코디하면 더욱 귀여운 스타일링이 완성됩니다. 다양한 무늬와 소재의 원단으로 나와 아이, 둘만의 특별한 원피스를 만들어 보세요.

how to make > no.10, 11 ··· P.85
no.10, 11 사용 원단 > 리투아니아 린넨 선염 핀스트라이프 블랙

no.12

no.13

로브 카디건 (Robe cardigan)

간단하게 걸쳐 입기 좋은 긴 기장의 로브 카디건입니다. 청바지와 매치하여 캐주얼하게 입어도 좋고, 사이드 포켓 원피스(no.10&no.11)와 코디하여 내추럴한 분위기를 연출해도 좋은 아이템입니다. 엄마는 허리끈이 있어 가볍게 묶을 수 있는 멋스러운 디자인이며, 아이는 단추 하나로 여미는 스타일로 쉬운 착용뿐 아니라 귀여움까지 더했습니다.

how to make > no.12, 13 … P.87
no.12 사용 원단 > 드프렌치 린넨 샴브레이 무지 메텔베이지
no.13 사용 원단 > 리투아니아 린넨 샴브레이 무지 키나리

picnic look

없던 나들이 계획도 세우고 싶어지는 엄마와 아이의 나들이 룩을 담았습니다.
아이들이 자라나는 과정을 지켜보는 순간은 그 무엇보다 값지고 소중합니다.
그런 우리 아이의 소중한 순간을 완벽한 날씨와 멋진 장소에서 정성을 담아 직접 만든 옷을 입고
함께 보낸다면 더할 나위 없는 특별할 추억을 남길 수 있을 거예요.
아이들의 자라나는 시간은 결코 기다려주지 않기에,
사계절 내내 언제나 즐길 수 있는 다양한 아이템들로 인생 사진도 남기고,
꽃과 바람을 직접 만지고 느끼며 평생 잊지 못할 기억에 남을 시간들을 선사해 보세요.

서스펜더 스커트 / 프릴넥 블라우스 / 프릴넥 원피스 /

더블 버튼 원피스 / 롱 자켓

서스펜더 스커트 (Suspender skirt)

의미 있는 날에 입기 딱 좋은 플레어 실루엣의 서스펜더 스커트입니다. 체형에
따라 단춧구멍을 조절하여 착용할 수 있습니다. 프릴넥 블라우스(no.16&no.17)
와 함께 매치하여 아이와 함께 낭만적인 분위기를 더해보세요.

how to make > no.14, 15 … P.90
no.14, 15 사용 원단 > 리투아니아 린넨 샴브레이 무지 블랙

no.16, 17 사용 원단 > 코디 린넨 소프트가공 디보트무지 화이트

no.17

no.16

프릴넥 블라우스 (Frill neck blouse)

나들이 룩에 화사함을 더해 줄 블라우스입니다. 목둘레에 프릴을 달고, 소매 밑단에는 맞주름을
잡아 만들었으며, 맞주름 위에는 장식 단추를 달아 포인트를 주었습니다. 화이트 리넨 원단으로
깔끔하게 만들어보세요.

how to make > no.16, 17 ⋯ P.93

프릴넥 원피스 (Frill neck dress)

퍼플 색상의 원단으로 만든 원피스입니다. 엄마는 목둘레에 끈을 넣고, 아이는 고무줄을 넣어 주름을 잡았습니다. 소매 밑단에도 고무줄을 넣어 주름을 잡아 완성했습니다. 주름 디테일이 보기만 해도 사랑스러워지는 원피스입니다.

how to make > no.18, 19 … P.96
no.18 사용 원단 > 리투아니아 린넨 선염 핀스트라이프 바이올렛
no.19 사용 원단 > 코디 린넨 소프트가공 디보트무지 라일락

더블 버튼 원피스 (Double button dress)

클래식하지만 캐주얼한 분위기의 원피스입니다. 엄마와 아이의 칼라 모양을 다르게 하여 변화를 주었습니다. 서로 다른 컬러의 원단으로 만들어도 잘 어울리는 커플룩으로 즐겨보세요.

how to make > no.20 ··· P.99 / no.21 ··· P.102

no.20 사용 원단 > 기요하라 린넨 코코치패브릭 스탠다드무지 오트밀
no.21 사용 원단 > 기요하라 린넨 코코치패브릭 스탠다드무지 라이트핑크

no.22, 23 사용 원단 > 리투아니아 린넨 초이스 헤링본 다크카페모카

롱 자켓 (Long jacket)

헤링본 무늬의 원단을 사용하여 더욱 멋스러운 루즈한 핏의 코트 자켓입니다. 두터운 모직 소재로 만들면
겨울까지도 입을 수 있으며, 베이직한 아이템으로 다양하게 스타일링하기 좋습니다.

how to make > no.22, 23 ⋯ P.105

c

living look

달콤하고 포근한 기억을 선물해 줄 엄마와 아이의 리빙 룩을 담았습니다.
여유로운 주말엔 우리 아이와 같은 공간에서 같은 취미를 나누며 일상을 보내보는 건 어떨까요?
아이와 함께 만든 건강한 요리를 먹고, 침대에 누워 함께 책을 읽으며 잠드는 순간까지
내가 직접 만든 에이프런과 홈웨어가 함께 한다면 건강한 라이프 스타일을 이뤄낼 뿐만 아니라
어느새 가까워진 서로의 모습을 발견하게 될 거예요.
사랑스럽고 편안한 리빙 룩과 함께 우리 아이의 평생을 함께할 영원한 친구가 되어 주세요.

어깨끈 에이프런 / 사이드 리본 에이프런 / 홈웨어

no.25
no.24

어깨끈 에이프런 (Shoulder strap apron)

뒤판이 크로스로 되어 있는 서스펜더 디자인으로 편안한 착용감이 돋보이는 에이프런입니다.
치마감에 주름을 잡아 자연스러운 느낌을 더했으며, 일상복으로도 손색없는 디자인입니다.
소프트한 리넨 원단을 사용하여 내추럴한 무드를 즐겨보세요.

how to make > no.24, 25 ⋯ P.108

no.24 사용 원단 > 코디 린넨 소프트가공 디보트무지 카키
no.25 사용 원단 > 코디 린넨 소프트가공 디보트무지 머스타드

사이드 리본 에이프런 (Side ribbon apron)

양 옆선에 끈을 묶어 입는 귀여운 에이프런입니다. 프릴넥 원피스(no.18&no.19)와 함께 코디하면 더욱 사랑스러운 코디가 완성됩니다. 아이와 함께 달콤한 간식을 만들며 소중한 추억을 남겨보세요.

how to make > no.26, 27 … P.111
no.26, 27 사용 원단 > 코디 린넨 소프트가공 디보트무지 다크네이비

no.26

no.27

no.28

no.29

홈웨어 (Home wear)

일상에서 편안하게 즐길 수 있는 홈웨어입니다. 목둘레와 주머니는 손바느질 스티치로 포인트를 주어 완성했습니다. 아이 패턴은 오부 소매&반바지 스타일, 반소매&오부 바지 스타일로 제작이 가능하니 여러 벌 만들어 다양하게 즐겨보세요.

how to make > no.28, 29 … P.114

no.28 사용 원단 >
(상의) 고이즈미 코튼린넨 내추럴무지 오트밀
(하의) 고이즈미 코튼린넨 내추럴무지 페일 브라운

no.29 사용 원단 >
(상의) 고이즈미 코튼린넨 내추럴무지 오트밀
(하의 짧은 기장) 고이즈미 코튼린넨 내추럴깅엄체크 16mm 와인
(하의 오부 기장) 고이즈미 코튼린넨 내추럴깅엄체크 16mm 인디고

couple item

커플룩을 더욱 사랑스럽게 만들어 줄 아이템들을 골라 담았습니다.
의상과 잘 어울리는 원단과 색상을 골라 다양한 스타일의 커플 아이템을 만들어 보세요.
엄마에게는 세련됨을 더욱 살려주고, 아이에겐 한층 더 귀여움으로 무장시켜 줄 아이템들입니다.
멋스러움뿐만 아니라 실용성까지 갖춘 커플 아이템을 의상과 함께 매치한다면 눈길을 사로잡을 만한
매력적인 코디가 완성될 거예요. 언제나 사랑스러운 우리 아이처럼 오랜 시간이 지나도
함께 할 수 있는 특별한 아이템을 만들어 함께해 보세요.

벙거지 모자 / 세일러 넥 스카프 / 플리츠 넥 스카프

클러치백 / 둥근 크로스백

no.30

no.31

벙거지 모자 (Bucket hat)

내추럴한 룩에 어울리는 벙거지 모자입니다. 세 가지 사이즈로 만들 수 있으며, 무지 원단이나 무늬가 들어간 원단을 골라 더욱 다양한 스타일을 완성해 보세요.

how to make > no.30, 31 … P.117
no.30 사용 원단 > 기요하라 린넨 코코치패브릭 스탠다드무지 내추럴
no.31 사용 원단 > 코디 린넨 소프트가공 디보트무지 키나리

세일러 넥 스카프 (Sailor neck scarf)

심플한 옷에 포인트를 줄 수 있는 세일러 넥 스카프입니다. 다양한 무늬의 원단을 사용하거나,
무지 원단으로 만들어 자수로 포인트를 주어도 좋습니다.

how to make > no.32, 33 … P.119
no.32, 33 사용 원단 > 코디 린넨 소프트가공 디보트무지 화이트

no.34

플리츠 넥 스카프 (Pleated neck scarf)

턱주름을 잡고, 끈으로 묶어서 입는 플리츠 넥 스카프입니다. 톡톡 튀는 색의 원단으로 만들어 특별한 날 내 아이가 더 돋보일 수 있게 포인트를 주세요.

how to make > no.34 ··· P.121
no.34 사용 원단 > 리투아니아 린넨 샴브레이 무지 레드
　　　　　　　　리투아니아 린넨 샴브레이 무지 옐로우

no.35

클러치백 (Clutch bag)

가볍게 들어주기만 해도 고급스러운 클러치입니다. 안쪽에 지퍼를 달아 주머니를 만들고 핸드 스트랩으로 실용성을 높였습니다. 다양한 무늬의 원단을 사용해 나만의 특별한 클러치백을 완성해 보세요.

how to make > no.35 … P.122
no.35 사용 원단 > 코하스아이디 코튼린넨 플라워포유 커트지 멀티
유와 린넨 라이브라이프 바네사 블랙

no.36 사용 원단 > 코카 코튼린넨 에치노 도트 머스타드
코카 코튼린넨 에치노 도트 민트

둥근 크로스백 (Round crossbody bag)

내 아이에게 선물하고 싶은 귀여운 도트무늬의 크로스백입니다. 길이 조절 고리로 끈 길이를
원하는 대로 조절할 수 있어 편리합니다. 뚜껑에 장식을 달아 포인트를 주어도 좋습니다.

how to make > no.36 … P.125

epilogue

아이와 같은 옷을 입고, 즐거운 시간을 보내는 당신.
결코 돌아오지 않을 시간입니다.

벌써부터 그리운 지금 이 순간을
소잉 하루에 vol.21을 통해 소중함을 느껴보세요.

아이 옷을 만드는 일은
먼 훗날 아이에게 소중한 추억이 될 거예요.

엄마가 만들어 준 옷을 입고 순수하게 활짝 웃고 있을
우리 아이를 위해 정성껏 바느질해 봅니다.

그만큼 값진 일은 없을 것입니다.

behind

엄마를 향한 반짝거리는 눈빛,
함박웃음을 짓는 내 아이의 미소,
딸과 함께 보낸 이 모든 순간들을 잊지 마세요.

직접 만들어 아이에게 입혀 줄 소소한 기쁨, 즐거움, 행복함을
모두 느낄 수 있도록 아름다운 시간을 보내길 바랍니다.

성인모델 이영주 : 164cm / 48kg / 55사이즈 착용
아동모델 김예지 : 108cm / 18kg / 110사이즈 착용

basic materials

1-1 제도용품

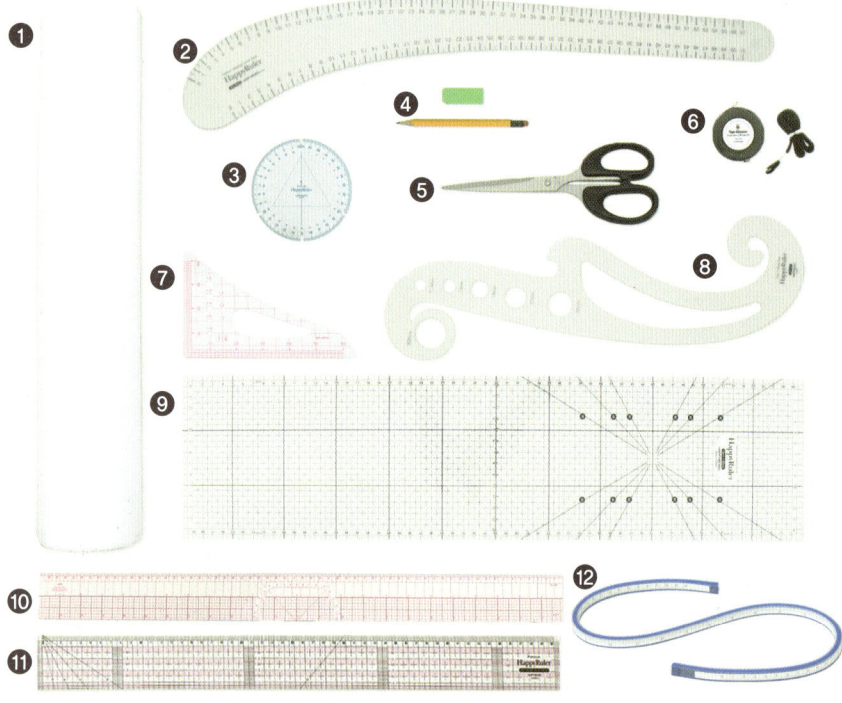

❶ 패턴지 폴리에스테르 부직포 성분으로 연필, 초크 등으로 잘 그려집니다. 패턴을 복사하기 쉬운 부직포 패턴지를 사용하면 좋습니다.

❷ 곡자 한 쪽 끝이 곡을 이루고 있는 자로 스커트 옆선, 소매 옆선, 절개선, 다트 곡선 등을 그리는 데 주로 사용합니다.

❸ 원형자 패턴상의 다양한 곡선 길이 측정이 가능하며 15, 20cm 단위의 홀(구멍)로 곡선상의 너치(맞춤점) 표시할 때도 용이합니다.

❹ 연필&지우개 패턴지에 패턴을 그릴 때 사용합니다.

❺ 종이가위 패턴(송이나 부직포)을 자를 때 사용하는 가위로, 재단가위로 종이를 오리면 가위의 날이 상할 수 있으므로 가위는 반드시 패턴 재단용과 원단 재단용을 구분하여 사용합니다.

❻ 줄자 신체 치수를 측정하거나 곡선의 치수를 잴 때 사용합니다.

❼ 축도자 실 사이즈의 패턴을 1/4 또는 1/5로 축도하여 자료를 남기고자 할 때 사용합니다.

❽ S자 S모양의 자로 소매산, 진동 둘레 등 거의 모든 기본 곡선을 그릴 수 있으며, 사이즈별 원 모양이 있어 단추 표시를 하기 좋습니다.

❾ 직각&컷팅자 정확한 직각이 제도작업을 원활하게 합니다. 넓은 폭이 작업물을 뒤틀리지 않게 잡아줘 원단 컷팅 작업에도 사용됩니다.

❿ 양면그레이딩자 일반 시접자나 퀼팅자에 비해서 두께가 얇기 때문에 편리한 작업이 가능하며, 패턴상의 암홀라인이나 네크라인 등 곡선부분의 길이를 잴 때도 세워서 유용하게 사용할 수 있습니다.

⓫ 시접자 눈금이 잘 지워지지 않는 긁힘 방지 가공이 되어있어 눈금이 깨끗하게 유지되며, 자의 위아래 면이 비스듬이 사선으로 깎여 있기 때문에 선을 그을 때 용이하여 정확한 작업이 가능합니다.

⓬ 프리 커브 룰러 자유자재로 잘 구부러지고 잘 고정되어 각종 라인의 사이즈 측정과 제도를 신속하고 편리하게 작업할 수 있습니다.

1-2 재단용품

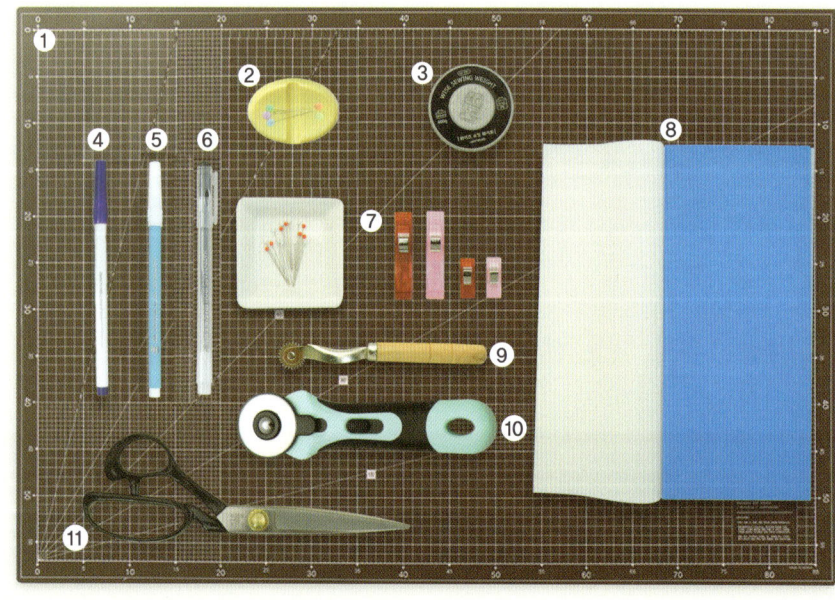

❶ 컷팅매트 재단칼로 원단을 재단할 때 함께 사용하면 재단칼의 날이 손상되지 않고, 원단이 깔끔하게 재단됩니다.

❷ 핀쿠션 자주 사용하는 시침핀, 바늘 등을 적당량 꽂아두고 필요할 때 바로 사용합니다. 자석 타입 핀쿠션을 사용하면 편리합니다.

❸ 문진 원단과 패턴이 서로 뒤틀리지 않도록 묵직하게 고정해주는 누름쇠입니다.

❹ 기화성 펜초크 선을 긋고 일정 시간이 지나면 자연스럽게 선이 사라지는 고급 기화성 펜입니다.

❺ 수성 펜초크 선이 깔끔하게 그어지며, 물로 간편하게 지워집니다.

❻ 아이론 열펜 펜촉 두께는 0.5cm 정도로 가늘어 섬세한 작업에 사용하기 좋습니다. 다리미로 열을 가하면 지워집니다.

❼ 시침핀&집게 시침핀은 옷감을 고정하거나 입체 재단 시 사용합니다. 구슬핀, 실크핀 등 용도에 따라서 사용하세요. 핀 작업이 어려운 니트 원단에는 집게를 사용하세요.

❽ 초크페이퍼 패턴을 원단에 마름질할 때 초크 대신 사용할 수 있는 도구로, 페이퍼를 원단 아래 놓고 위에서 룰렛을 굴려주면 원단에 완성선이 표시됩니다.

❾ 룰렛 톱니를 굴려 원단에 마킹하는 도구로 초크페이퍼와 함께 사용합니다. 톱니형과 원반형으로 두 가지 타입이 있습니다. 원반형은 헤라로도 사용 가능합니다.

❿ 재단칼 재단가위 대신 원단을 재단할 때 사용하며, 여러 겹의 원단을 한 번에 컷팅할 수 있어 편리합니다. 컷팅매트와 함께 사용하세요.

⓫ 재단가위 원단 재단에 사용하는 전용가위로 자신의 손에 맞는 크기의 가위를 사용하는 것이 좋습니다. 왼손용, 오른손용으로 두 가지 타입이 있습니다.

1-3 봉제용품

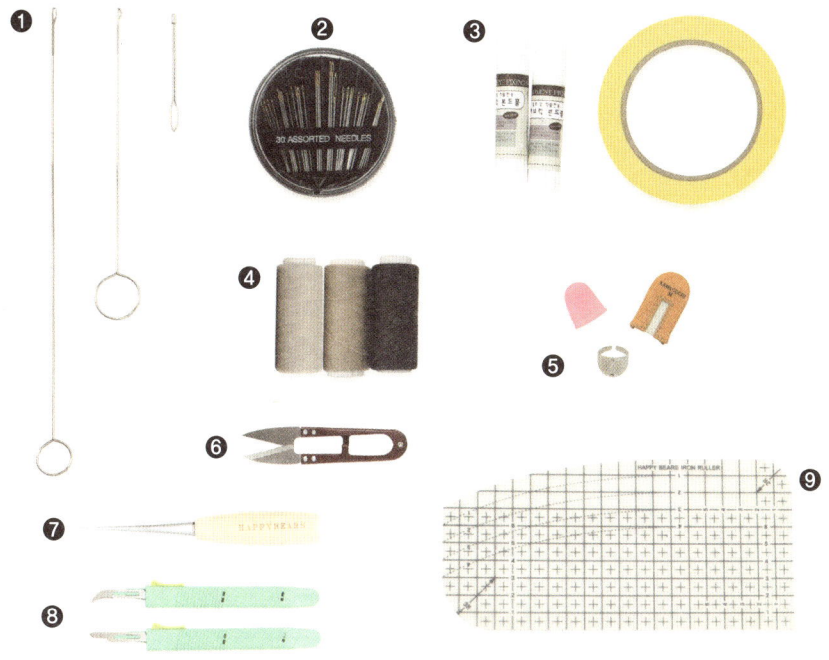

❶ **뒤집개&끼우개** 원단으로 리본 등을 만들 때 좁은 폭의 원단을 쉽게 뒤집을 수 있고, 작품에 고무줄이나 끈을 끼워 넣을 때 편리하게 작업할 수 있습니다.

❷ **손바늘** 작품의 마무리 또는 장식 작업 시 자주 사용되므로 사이즈별로 준비해두세요.

❸ **직물전용 본드풀&매직테이프** 시침핀을 꽂기 힘든 곳, 지퍼 및 시접 등 임시고정이 필요한 부분에 사용하면 원단의 밀림 없이 편하게 봉제할 수 있습니다. 수용성 재질로 세탁 후 완전히 제거됩니다.

❹ **손바느질용 봉제실** 기본적으로 가장 많이 사용되는 색상은 휴대가 편리한 소형 사이즈로 준비해두고 간편하게 사용하세요.

❺ **골무** 손바느질을 할 때 손가락 끝을 보호해 주어 작업의 능률을 높입니다. 가죽, 금속, 고무 등 다양한 재질이 있으니 용도에 맞게 골라 사용하세요.

❻ **쪽가위** 작업 중 가장 많이 사용되는 가위로, 깔끔한 마무리 작업을 위해 꼭 필요합니다.

❼ **송곳** 원단에 구멍을 뚫거나 맞춤점을 표시할 때, 주머니, 가방, 옷깃의 모서리 모양을 잡을 때 등 다양한 작업에 사용합니다.

❽ **실뜯개** 봉제가 잘못되어 바늘땀을 뜯어야 할 때나, 단춧구멍을 자를 때 유용하게 사용됩니다. 일반형과 갈고리형이 있습니다.

❾ **아이론시접자** 정확한 치수 체크와 함께 다림질로 손쉽게 시접 부분을 만들 수 있도록 도와주는 열에 강한 시접자입니다.

1-4 미싱용품

❶ **멀티매트** 재봉틀 매트로 사용하기 좋은 멀티매트입니다. 충격 흡수에 탁월하며, 미싱의 소음과 진동을 완화시켜줍니다.

❷ **미싱바늘** 공업용과 가정용을 잘 구분하여 사용해야 합니다. 원단의 소재와 두께에 따라 9/11/14/16/18호의 바늘을 맞춰 사용하세요. 니트원단에는 니트용 바늘을 사용하세요.

❸ **드라이버** 노루발과 미싱바늘을 교체할 때 사용합니다.

❹ **미싱기름** 미싱의 소음이나 마찰을 완화시켜줍니다.

❺ **핀셋** 일반 미싱이나 오버록 미싱에 실을 끼울 때나, 미싱의 세밀한 곳을 작업할 때 사용합니다.

❻ **크리닝브러시** 봉제 후 미싱에 쌓인 먼지를 청소할 때 사용하는 미싱 청소용 브러시입니다.

❼ **미싱용 봉제실** 원단의 소재와 두께 및 작업 용도에 맞게 골라 사용합니다.

❽ **북집(보빈케이스)** 공업용과 가정용을 잘 구분하여 사용해야 합니다. 북집이 필요 없는 미싱 기종도 있으니 확인 후 사용하세요.

❾ **북알(보빈)&북알케이스** 북알은 공업용과 가정용을 잘 구분하여 사용해야 하며, 밑실은 윗실에 맞춰 바로 사용할 수 있도록 미리 다양하게 감아서 준비해두면 좋습니다. 북알케이스에 보관하면 편리합니다.

machine introduction

2-1 가정용 미싱

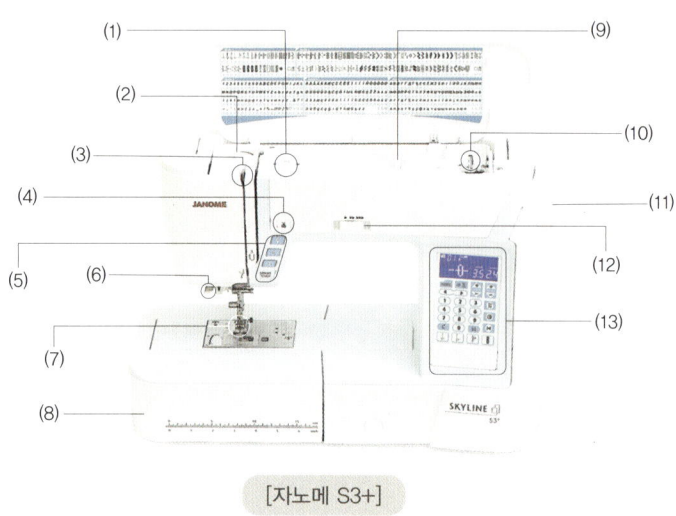

[자노메 S3+]

본 서적 작품을 제작할 때 사용한 미싱인 자노메 에스쓰리플러스를 기준으로 소개합니다. 기종에 따라 각 미싱의 사용 방법이 다르니 설명서를 참고하세요.

(1) 윗실 장력 조절 다이얼
(2) 노루발 압력 조절 다이얼
(3) 실채기 안전 장치
(4) 자동 사절 버튼
(5) 미싱 조작 버튼
(6) 자동 실끼우기 장치
(7) 원터치형 노루발
(8) 분리형 보조 테이블 (액세서리 보관함)
(9) 실패꽂이
(10) 밑실감기장치
(11) 풀리 다이얼
(12) 속도 조절 슬라이더
(13) LCD 모니터 · 터치 버튼

자세한 미싱 설명과 구입처는 QR코드로 확인하실 수 있습니다.

| 미싱의 주요 기능 |

①LCD 모니터 · 터치 버튼

패턴 및 땀폭, 땀의 간격을 조절하는 버튼과 LED창입니다. 재봉틀의 기종마다 패턴이나 바느질의 설정 방법이 다르기 때문에, 각 미싱의 사용 설명서를 확인해주세요.

②속도 조절 슬라이더

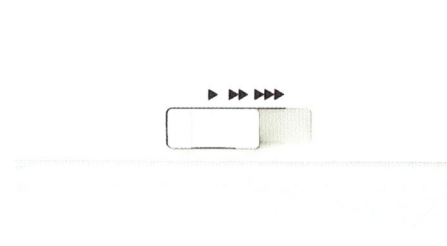

슬라이더를 좌/우로 움직여 속도를 조절합니다. 오른쪽으로 밀면 빨라지고, 왼쪽으로 밀면 느려집니다.

③미싱 조작 버튼

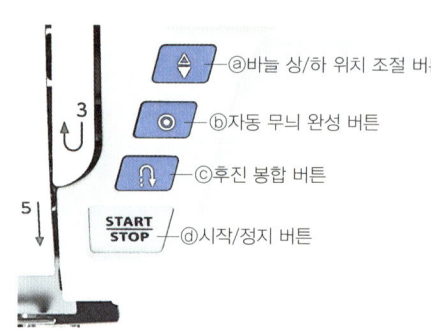

ⓐ바늘 상/하 위치 조절 버튼
ⓑ자동 무늬 완성 버튼
ⓒ후진 봉합 버튼
ⓓ시작/정지 버튼

ⓐ 바늘을 위/아래로 움직일 때 사용합니다.
ⓑ 작업을 마무리할 때 사용합니다.
ⓒ 바느질 진행 방향을 바꿔 되돌아박기할 때 사용합니다.
ⓓ 봉제를 시작하거나 멈출 때 발판 대신 사용합니다.

④자동 사절 버튼

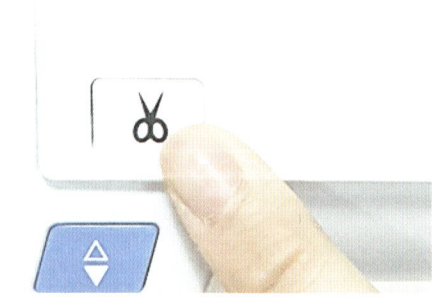

재봉이 끝나면 자동 사절 버튼 하나만으로 실을 자를 수 있어 사용하기에 편리합니다.

⑤노루발 압력 조절 다이얼

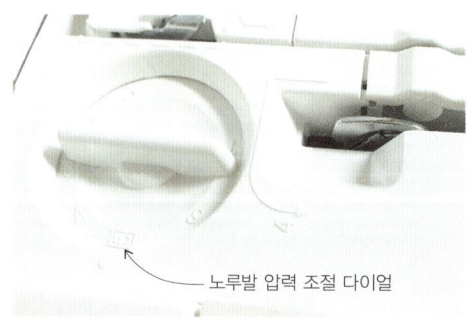

노루발 압력 조절 다이얼

노루발의 압력을 조절하는 다이얼입니다. 숫자가 높을수록 압력이 세지고, 낮을수록 압력이 약해집니다.

⑥윗실 장력 조절 다이얼

윗실 장력 조절 다이얼

윗실의 장력을 조절하는 다이얼입니다. 보통은 오토모드로 사용하며, 윗실의 장력이 셀 때는 낮추고, 윗실의 장력이 약할 때는 높입니다.

2-1 가정용 미싱

⑦실채기 안전 장치

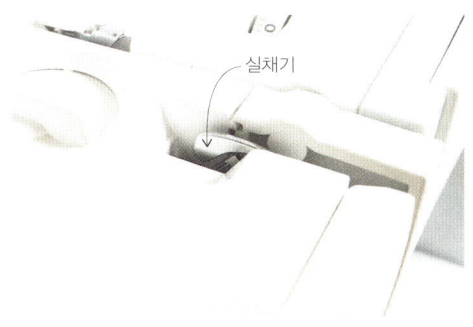

실채기 안전 장치는 윗실을 한 번 더 잡아 주어 실이 빠지지 않고 팽팽하게 유지되도록 고정시켜줍니다.

⑧One step 자동 단춧구멍 봉제

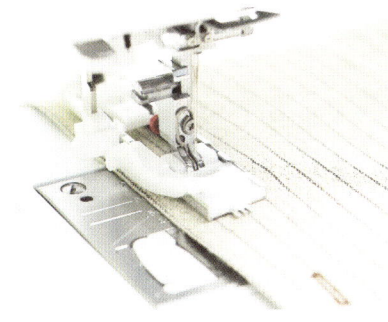

S3+의 자동 단춧구멍 노루발(R)을 활용하면 내가 원하는 크기의 단춧구멍을 한 번에 봉제할 수 있습니다.

⑨가마 소음 방진 패드

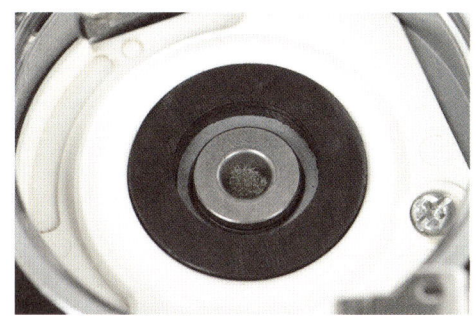

많은 소어들이 불편함을 겪는 미싱의 소음을 줄여주는 소음 방진 패드입니다. 조용한 미싱으로 차분하게 봉제해보세요.

| 침판 주변 부분의 명칭 |

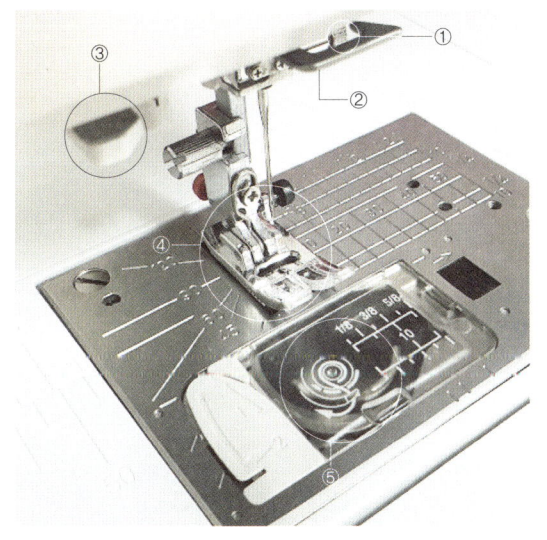

①바늘 조임나사
　바늘을 고정하거나 교체할 때 사용합니다.

②실걸이 가이드
　바늘에 실을 끼울 때, 실이 움직이지 않도록 고정해줍니다.
　실을 실걸이 가이드에 통과시킨 다음 바늘에 끼웁니다.

③자동 실끼우기 장치
　미싱바늘에 실을 끼우는 번거롭고 어려운 작업을 손동작 몇 번으로 쉽고 빠르고 간편하게 할 수 있도록 도와줍니다.

④노루발
　원단을 작업이 가능한 상태로 미싱에 고정하는 부품입니다.
　봉합 종류에 따라 해당 전용 노루발을 사용합니다.

⑤수평 가마
　북알 장착이 수월한 수평형 가마로 밑실을 감아둔 북알을 장착합니다.

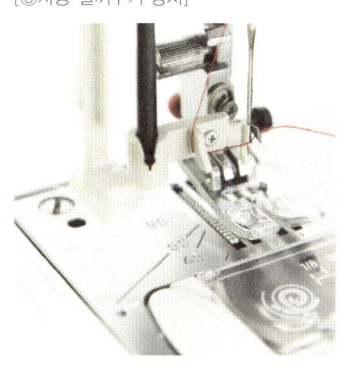

[③자동 실끼우기 장치]

| 다양한 디자인 봉제 & 이니셜 봉제 |

다양한 디자인의 스티치와 이니셜 봉제가 가능해 나만의 개성이 담긴 작품을 만들 수 있습니다.

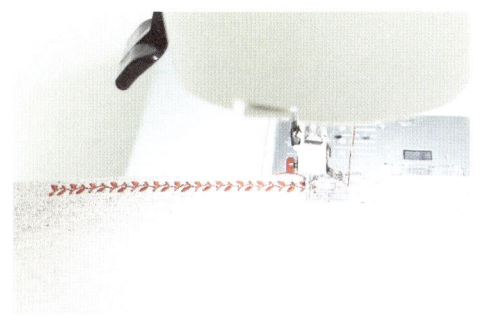

machine introduction

2-2 가정용 오버록 미싱

본 서적에 사용한 오버록 미싱인 자노메 에어스레드 2000D를 기준으로 소개합니다.
기종에 따라 각 미싱의 사용 방법이 다르니 설명서를 참고하세요.

[자노메 에어스레드 2000D]

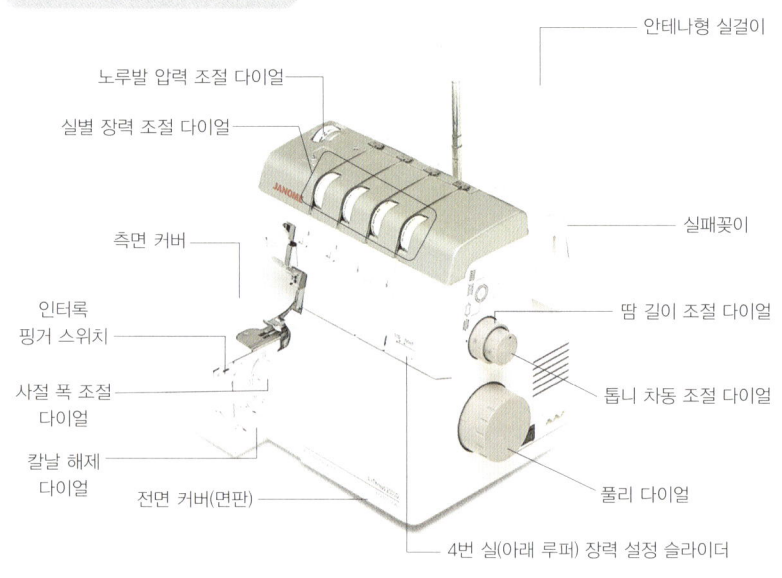

| 오버록 스티치 종류 |

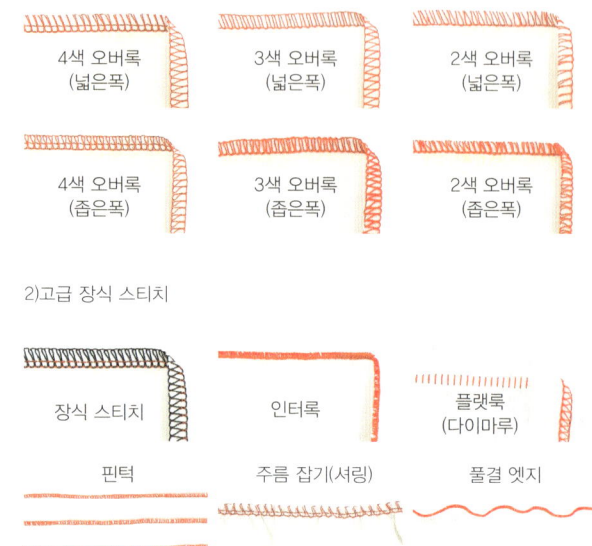

1) 기본 스티치
- 4색 오버록 (넓은폭)
- 3색 오버록 (넓은폭)
- 2색 오버록 (넓은폭)
- 4색 오버록 (좁은폭)
- 3색 오버록 (좁은폭)
- 2색 오버록 (좁은폭)

2) 고급 장식 스티치
- 장식 스티치
- 인터록
- 플랫록 (다이마루)
- 핀턱
- 주름 잡기(셔링)
- 물결 엣지

| 오버록 미싱의 주요 기능 |

① 1번, 2번 실 끼우기 장치

바늘 구멍을 찾을 필요 없이 자동 실 끼우기 장치로 한 번에 1번, 2번 실을 끼울 수 있습니다.

② 3번, 4번 실 끼우기 장치

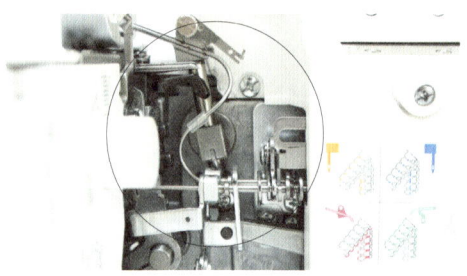

공기로 실을 끼우는 에어 스레딩 기술로 레버를 움직여 3, 4번 실을 간편하게 끼울 수 있습니다.

③ 쉬운 바늘 교체

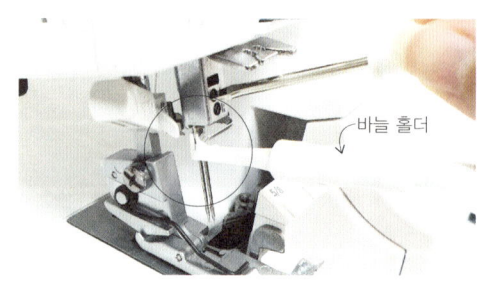

자노메 에어스레드 미싱에는 바늘 홀더가 기본 구성품으로 들어있어 쉽고 정확하게 바늘을 교체할 수 있습니다.

④ 칼날 해제 다이얼(ⓐ), 사절 폭 조절 다이얼(ⓑ)

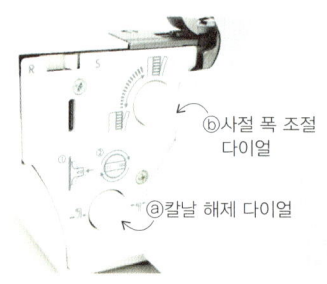

봉제 도중 원단을 들추거나 커버를 열 필요 없도록 다이얼을 미싱 오른쪽에 두었습니다. 특히 자주 변경하는 '칼날 해제', '사절 폭 조절' 다이얼은 칼날 바로 아래에 있어 효율적입니다.

⑤ 통합 조절 다이얼

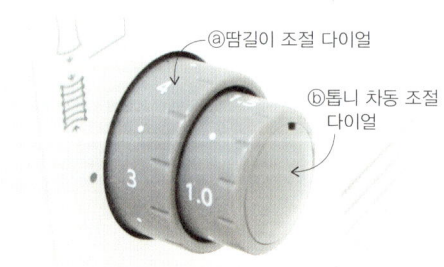

다양한 스티치 표현을 결정하는 '땀 길이 조절(ⓐ)'과 '톱니 차동 조절(ⓑ)'을 1개의 통합 다이얼로 조절할 수 있으며, 설정값을 한 눈에 보고 조작할 수 있어 편리합니다.

자세한 미싱 설명과 구입처는 QR코드로 확인하실 수 있습니다.

2-3 가정용 자수 미싱

미싱 외 NCC 자수 미싱 티파니를 소개합니다.
기종에 따라 각 자수 미싱의 사용 방법이 다르니 설명서를 참고하세요.

[NCC 티파니 CC-1879]

| 용도에 따른 크기별 자수틀 |

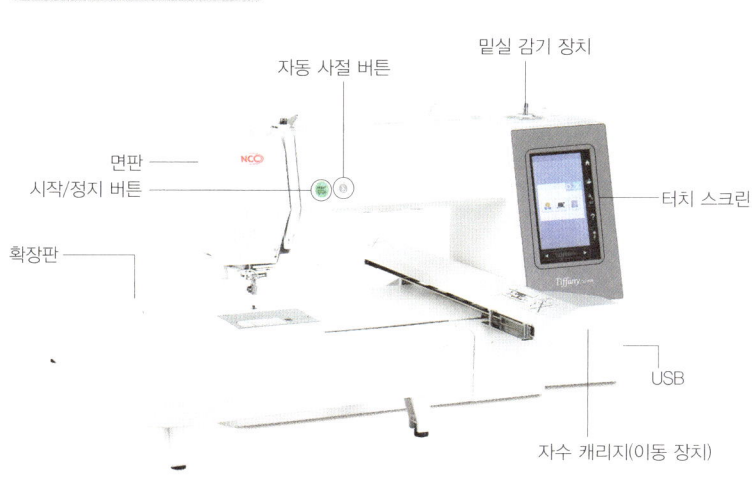

- 자동 사절 버튼
- 밑실 감기 장치
- 면판
- 시작/정지 버튼
- 터치 스크린
- 확장판
- USB
- 자수 캐리지(이동 장치)

- SQ20b 200x200mm
- SQ14b 140x140mm
- RE36b 200x360mm
- RE10b 40x100mm

| 자수 미싱의 주요 기능 |

①자수틀을 장착할 캐리지

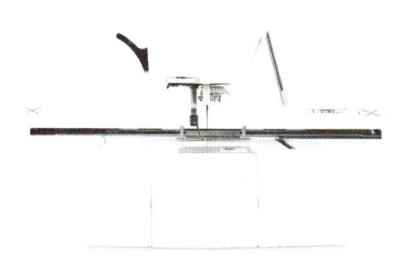

더 간편하고 더 안정적인 '레버+핀고정' 방식 고정 장치로 초대형 후프도 안전하게 지탱해 줄 수 있습니다.

②편리한 사절 장치

티파니 미싱은 가위 없이도 언제나 사용할 수 있도록 3곳에 사절 장치가 내장되어 있어 편리합니다.

③다양한 전문 편집기능

- 상세 메뉴
- 이전 설정
- 다음 설정
- 스크롤
- 방향 키
- 확대/축소

티파니 미싱은 터치 스크린을 통해 자수 디자인 회전·이동·복사 등 기본 편집과 편리한 설정들을 활용할 수 있습니다.

④USB를 활용한 파일 전송

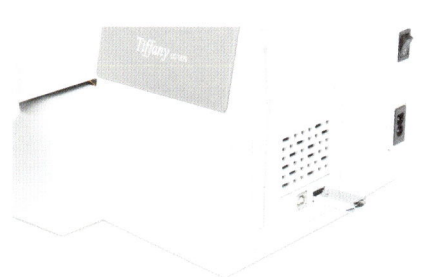

2가지 타입의 USB 포트로 USB 저장 장치 또는 PC와 직접 연결하여 빠른 파일 전송이 가능합니다.

자수 사용 작품

자세한 미싱 설명과 구입처는 QR코드로 확인하실 수 있습니다.

before sewing

3-1 사이즈 표

본 서적의 실물크기 패턴은 아래의 사이즈 표를 기준으로 제작되었습니다. 성인일 경우, 상의는 가슴둘레를 기준으로, 하의는 허리둘레와 엉덩이둘레를 기준으로 실물크기 패턴을 사용합니다. 아동일 경우, 신장 기준으로 실물크기 패턴을 사용해 주세요. 먼저 사이즈를 측정하여 제일 근접한 사이즈의 실물크기 패턴을 사용하는 것이 좋습니다.

· 성인 여성 신체 실측 치수 ※단위(cm)

사이즈 분류	55	66	77	88
가슴둘레	84	88	92	96
허리둘레	66	70	74	78
엉덩이둘레	90	94	98	102
등길이	39	39	39	39
소매길이	54	54	54	54

※사이즈는 재는 방법에 따라 1~3cm 정도 차이가 있을 수 있습니다

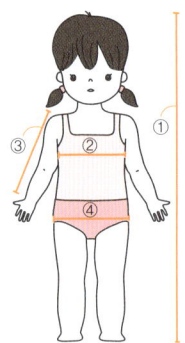

· 아동 신체 실측 치수 ※단위(cm)

사이즈 분류	90	100	110	120	130
①신장	90	100	110	120	130
②가슴둘레	50	52	56	60	64
③팔길이	36.5	43	50.5	55	58
④엉덩이둘레	54	57	60	63	66

※사이즈는 재는 방법에 따라 1~3cm 정도 차이가 있을 수 있습니다

3-2 선세탁 하기(정련)

선세탁은 과거에 충분한 가공이 되지 않은 원단으로 옷을 완성할 경우, 세탁 후 심하게 줄어드는 현상을 예방하기 위해 하는 제작 공정이었습니다. 하지만 최근 생산되는 대부분의 원단은 충분한 가공이 되어 거의 수축되지 않으므로, 선세탁 없이 옷을 만들어도 괜찮습니다.

면과 마의 선세탁

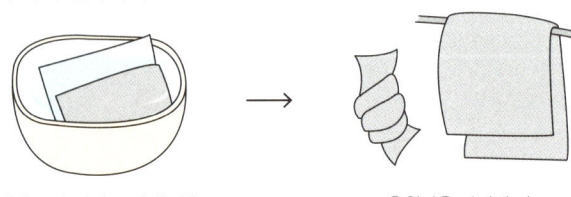

①충분한 양의 물에 원단을 1시간 정도 담가둔다

②원단을 가볍게 짜고, 주름을 펴서 말린다

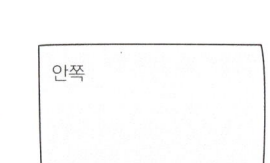

③원단이 완전히 마르면 안쪽부터 바깥쪽으로 직조된 올 방향을 따라 다림질한다

④완성

3-3 올 방향 바로잡기

원단의 세부 명칭

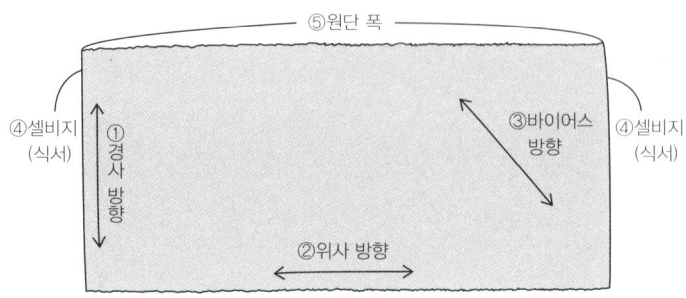

※ 원단의 씨실과 날실의 짜임 방향을 올 방향이라고 합니다. 원단의 셀비지 방향이 식서 방향, 원단의 식서 방향과 패턴의 식서 방향을 맞춥니다.

① 경사 방향 — 원단의 날실(세로실) 방향. 패턴의 올 방향을 나타내는 화살표는 세로 올 방향(식서 방향)을 나타냅니다.

② 위사 방향 — 원단의 씨실(가로실) 방향. 푸서 방향이라고도 합니다. 세로 올 방향에 비해 원단이 잘 늘어납니다.

③ 바이어스 방향 — 원단의 45도 대각선 방향. 원단이 가장 잘 늘어나는 방향입니다.

④ 셀비지 — 원단의 가장자리 부분으로, 좌우의 양 끝을 가리키며 식서라고도 합니다. 촘촘하게 직조되어 있어 실의 올 풀림이 없으며, 원단에 따라서 색상이 다르거나 제조사명이 프린트되어 있습니다.

⑤ 원단 폭 — 원단의 셀비지(식서)부터 반대쪽 셀비지(식서)까지의 길이를 말합니다.

원단의 올 방향 정리하기

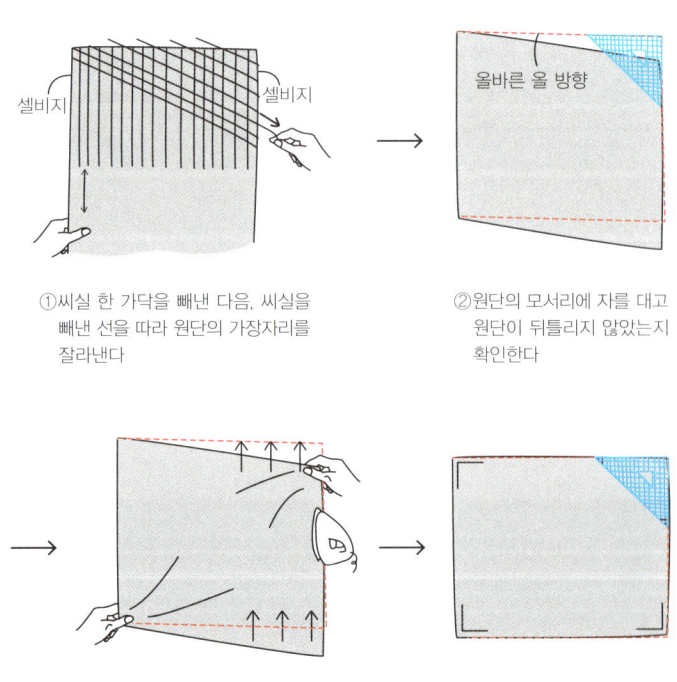

①씨실 한 가닥을 빼낸 다음, 씨실을 빼낸 선을 따라 원단의 가장자리를 잘라낸다

②원단의 모서리에 자를 대고 원단이 뒤틀리지 않았는지 확인한다

③원단의 방향이 올바르게 되도록 양손으로 원단을 잡아당긴 후, 다림질하여 정리한다

④준비 완성

3-4 패턴 제도 기호

기호	설명
↕ 식서 표시	원단의 세로 올 방향(식서 방향)을 표시합니다.
┊ 접음선	접는 위치를 표시한 선입니다.
턱	빗금의 높은 쪽에서 낮은 쪽으로 원단을 접어 주름을 만듭니다.
맞춤 표시	2장 이상의 원단을 서로 맞춰 봉합할 때, 원단이 어긋나지 않도록 맞추는 표시입니다.
완성선	작품을 완성했을 때의 선을 표시합니다. 시접이 포함되지 않은 경우에는 가장 바깥쪽에 있는 선이 완성선이 됩니다.
상침선	장식효과와 더불어 형태를 안정시키는 선입니다.
⊕ 단추	단추 다는 곳을 나타냅니다.
개더(주름)	큰 땀으로 봉제하여 주름을 잡는 부분을 나타냅니다.
골선	원단을 반으로 접어 재단할 때, 원단의 접음선 부분에 맞추는 선입니다.
다트	선과 선을 맞춰 봉합하여 형태를 입체적으로 만듭니다.
단춧구멍	단춧구멍 뚫는 곳을 나타냅니다.
오그림	오그려가며 줄여서 봉제하는 부분을 나타냅니다.

3-5 패턴 사용 방법

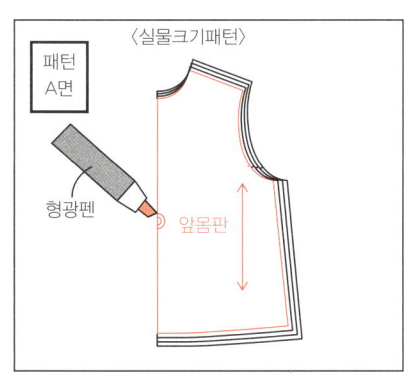 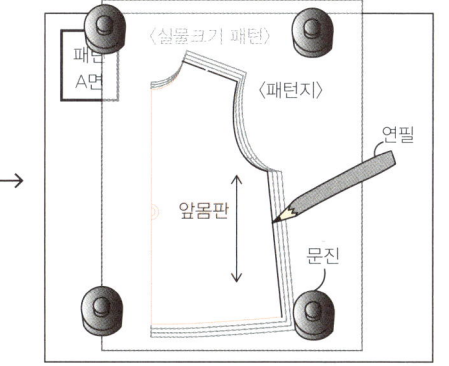 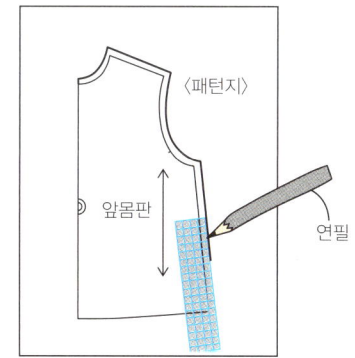

① 각 작품의 만드는 방법 페이지에 기재되어 있는 사용 패턴을 확인하고, 실물크기 패턴 용지(A~D면)를 펼친 후, 필요한 패턴 사이즈를 찾아 형광펜으로 선을 따라 그려준다

② 실물크기 패턴 위에 패턴지를 올려두고 문진으로 움직이지 않도록 고정한 후, 완성선, 맞춤점, 봉합 끝점, 올 방향선, 단추 다는 곳, 주머니 다는 곳 등 연필로 빠짐없이 베낀다

③ 실물크기 패턴에는 시접이 포함되어 있지 않기 때문에, 재단 배치도를 참고하여 시접을 추가로 그려야 할 경우에는 방안자 등을 사용해 베낀 패턴지의 완성선에 맞춰서 평행하게 시접선을 그려준다

3-6 품과 길이 수정하는 방법

가슴이나 엉덩이 둘레에 맞춰 패턴 사이즈를 고르면, 길이 또는 품이 맞지 않는 경우가 있습니다. 이때, 패턴을 몸에 맞춰 수정하면 딱 맞는 옷을 만들 수 있습니다.

| 몸판의 길이를 늘리고 싶은 경우 |

몸판의 품이 55사이즈일 때, 옷 길이만 늘리고 싶을 경우, 몸판의 품은 55사이즈의 선에 맞춰서 그리고, 밑단 완성선만 더 큰 사이즈의 선에 맞춰 그린 후, 옆선과 밑단선을 연결한다

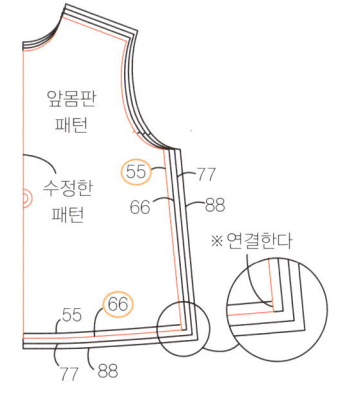

| 몸판의 품을 늘리고 싶은 경우 |

신장이 77사이즈일 때, 몸판의 품만 늘리고 싶을 경우, 밑단 완성선은 77사이즈에 맞춰서 그리고, 몸판의 품은 더 큰 사이즈의 선에 맞춰 그린 후, 옆선과 밑단선을 연결한다

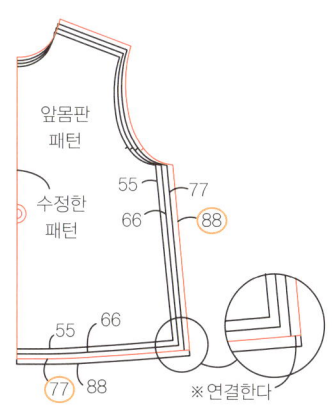

before sewing

3-7 원단 소요량 계산하는 방법

원단의 폭에 따라 필요한 길이도 다릅니다. 계산법에 맞춰 원단의 소요량을 미리 예상할 수 있습니다.

| 계산법 |

원단 폭	상의	스커트
90~92cm	[몸판 길이+소매 길이]×2+30cm	스커트 길이×2+20cm
110~120cm	[몸판 길이×2+소매 길이]+30cm	스커트 길이×2+20cm
140~180cm	몸판 길이+소매 길이+20cm	스커트 길이+15cm (벨트를 다는 경우, 벨트 길이+5cm)

| 패턴 배치 및 요척 계산법 (1/10축도법) |

재단 전 사용할 원단을 넉넉히 준비하면 좋으나, 애매하게 남는 경우에는 낭비가 될 수 있습니다. 또한, 적절히 준비한 원단이어도 패턴의 배치에 따라 원단이 부족할 수 있으므로 미리 원단에 배치해 본 후 재단합니다. 그러므로 한 눈에 배치하기 쉽도록 1/10축도법을 사용하여 패턴을 미리 배치한 후 원단을 재단합니다.

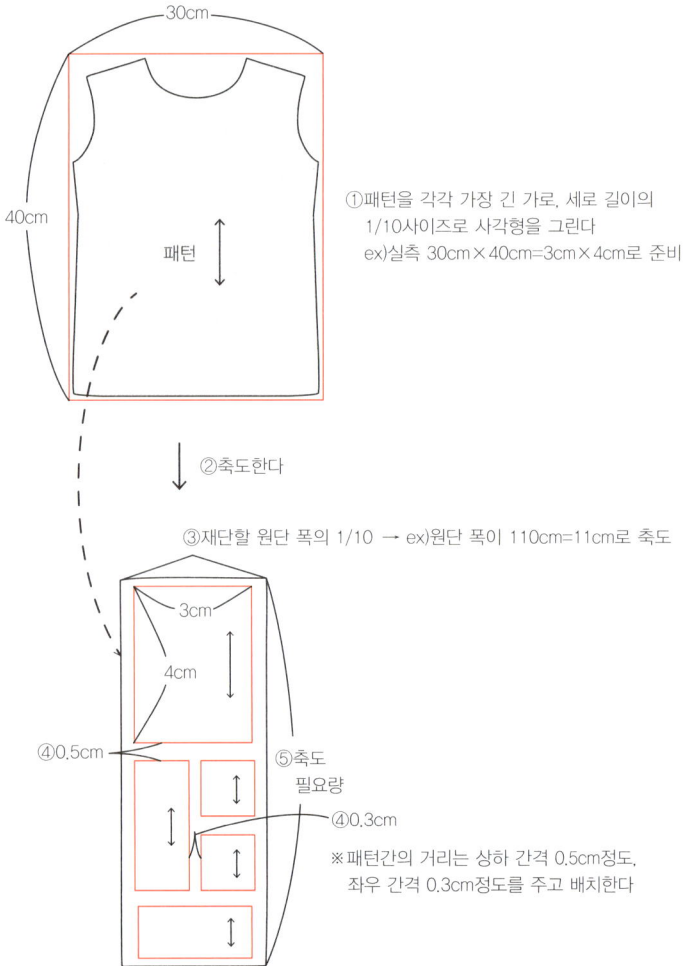

①패턴을 각각 가장 긴 가로, 세로 길이의 1/10사이즈로 사각형을 그린다
ex)실측 30cm×40cm=3cm×4cm로 준비

②축도한다

③재단할 원단 폭의 1/10 → ex)원단 폭이 110cm=11cm로 축도

④0.5cm
⑤축도 필요량
④0.3cm

※패턴간의 거리는 상하 간격 0.5cm정도, 좌우 간격 0.3cm정도 주고 배치한다

⑥①번의 사각형을 필요한 장수만큼 식서 방향에 맞춰서 배치하고 가로, 세로 길이를 잰 다음, 10배를 곱하면 필요한 원단의 양이 된다 (요척=10×축도 필요량)
ex)축도 필요량이 15cm이면, 150cm길이가 필요

3-8 원단 종류에 따른 바늘과 실 고르는 방법

아래의 표를 참고하여 원단에 알맞은 미싱실과 미싱바늘을 사용합니다. 미싱바늘은 호수가 커질수록 굵어집니다. 미싱실은 호수가 커질수록 두께가 얇은 실이며, 기본적으로 윗실과 밑실을 같은 것으로 사용합니다.

| 원단 종류에 따른 바늘과 실 |

원단의 종류	미싱바늘	미싱실
얇은 원단 (노방, 쉬폰, 코튼 론)	9호	파인 프라임실
보통 두께의 원단 (30~40수 코튼 리넨)	11호	프라임실
조금 두꺼운 원단 (20수 옥스포드)	14호	프라임실
두꺼운 원단(겉쪽 상침용) (데님, 18호 캔버스)	16호	스티치 프라임실

3-9 재단하는 방법

| 재단하는 방법 |

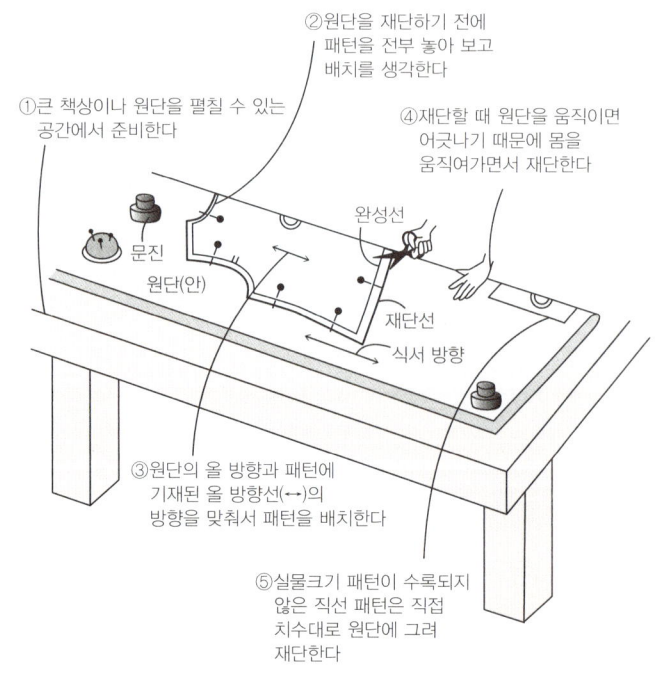

①큰 책상이나 원단을 펼칠 수 있는 공간에서 준비한다
②원단을 재단하기 전에 패턴을 전부 놓아 보고 배치를 생각한다
③원단의 올 방향과 패턴에 기재된 올 방향선(↔)의 방향을 맞춰서 패턴을 배치한다
④재단할 때 원단을 움직이면 어긋나기 때문에 몸을 움직여가면서 재단한다
⑤실물크기 패턴이 수록되지 않은 직선 패턴은 직접 치수대로 원단에 그려 재단한다

3-10 심지 붙이기

심지의 소재는 다양하다. 사용하는 소재가 합성 섬유일 경우, 다리미의 온도를 소재에 맞게 맞춘 후 예열하고 사용한다. 특히, 다리미에 접착풀이 묻지 않도록 항상 주의한다.

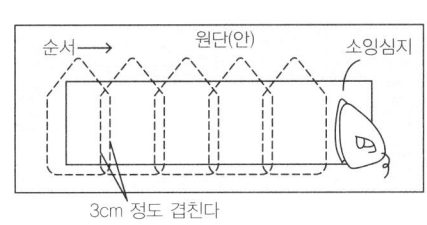

① 원단에 소잉심지를 붙일 때에는 다리미로 틈이 생기지 않도록 꼼꼼하게 눌러가면서 접착합니다.

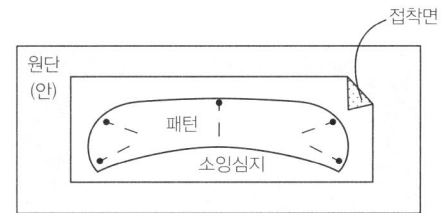

② 칼라나 곡선이 있는 패턴의 경우, 크게 재단한 원단의 안쪽 면에 소잉심지를 붙이고 나서 패턴을 올리고, 원단을 재단하면 좋습니다.

3-11 테이프 심지 종류

1) 식서 방향 테이프 심지

주로, 직기 원단에 사용하며 늘어남을 방지하기 위해 직선 부분에 부착해 사용한다.

2) 바이어스 방향 테이프 심지

주로, 다이마루 원단이나 곡선 부위에 사용되며 늘어남을 방지하기 위해 몸판의 암홀이나 목둘레 등 곡선에 부착해 사용한다.

3) 소잉테이프 심지

바이어스 방향 테이프 심지와 얇은 폭의 식서 방향 테이프 심지가 함께 두 겹으로 되어있어, 직선과 곡선 중 어떤 부분에도 사용할 수 있다.

4) 지퍼전용 테이프 심지

1.8cm폭의 심지이며, 지퍼 다는 부분에 늘어남을 방지하기 위해 부착한다. 시접보다 폭이 넓기 때문에 지퍼 봉제선까지 부착되어 안정적으로 봉제할 수 있다.

3-12 테이프 심지 붙이기

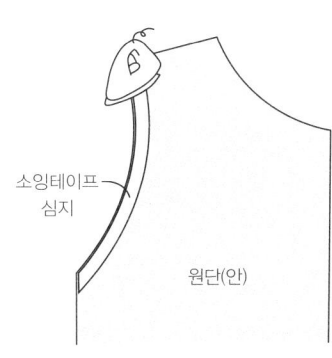

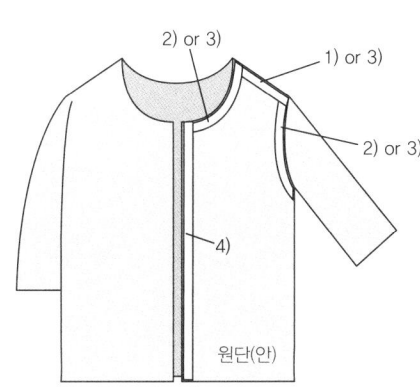

- 목둘레나 암홀 둘레에는 늘어남을 방지하기 위해, 테이프 모양의 소잉테이프 심지를 사용하면 편리합니다.

- 소잉테이프 심지의 접착면을 겉감 원단 안쪽 면의 부착해야 할 시접에 맞춰 얹고, 겉감과 심지 사이에 먼지나 실오라기 등이 들어가지 않도록 주의하며 다리미로 꾹꾹 눌러 다림질 합니다.

※번호는 P.65 / 3-11 테이프 심지 종류의 번호입니다.

4-1 바이어스천 만들기

| 바이어스천 만들기 |

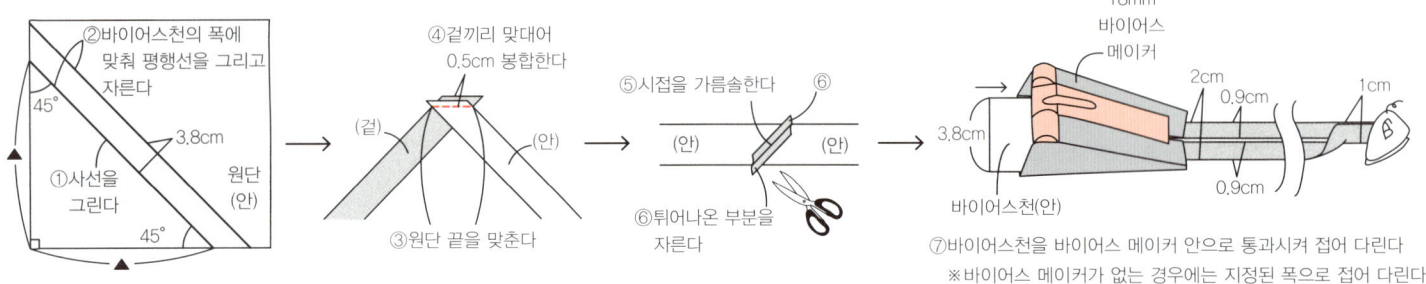

| 바이어스천 달기 |

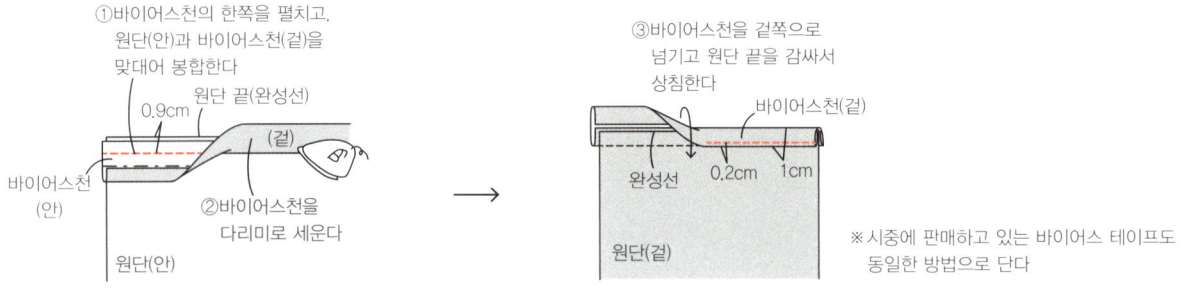

4-2 안바이어스천 만들기

| 안바이어스천 만들기 |

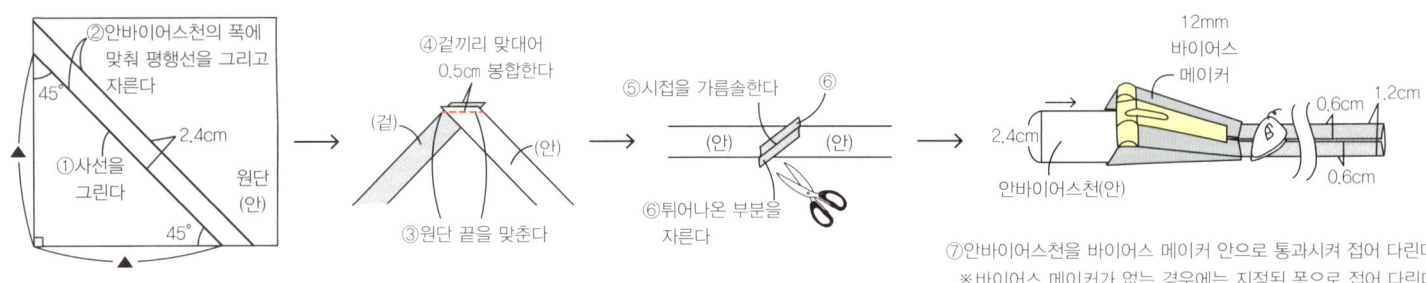

| 안바이어스천 달기 |

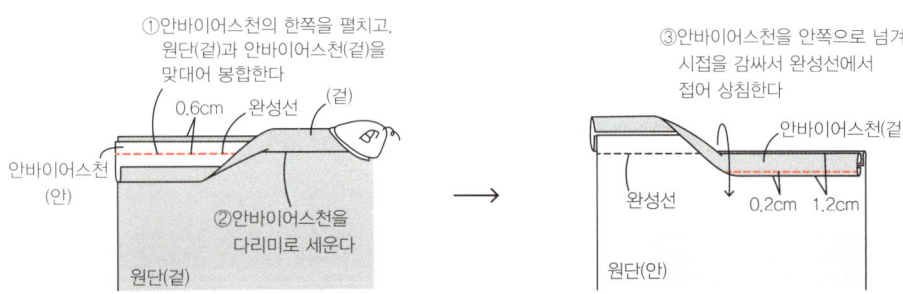

4-3 기성 바이어스 테이프로 안바이어스 테이프 만드는 방법

안바이어스로 사용되는 테이프는 시중에 판매되고 있지 않기 때문에 바이어스 테이프를 잘라 안바이어스로 만들어 사용합니다.

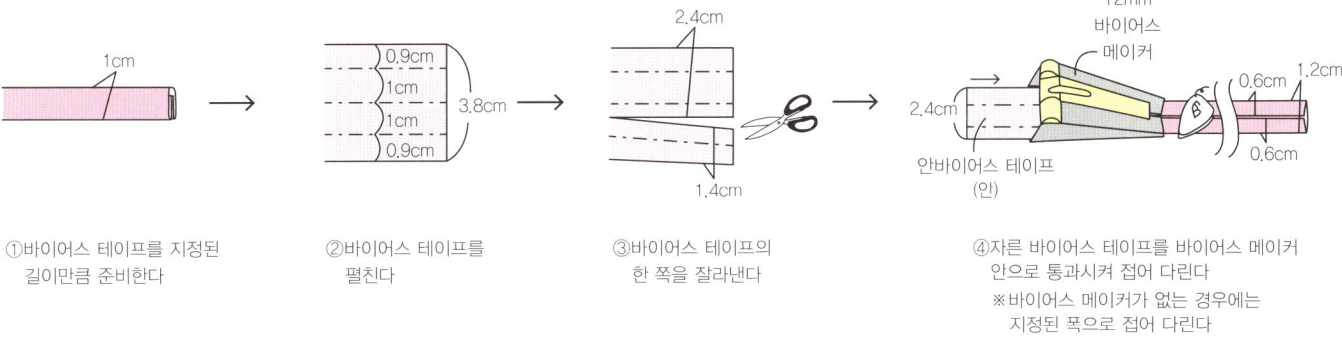

① 바이어스 테이프를 지정된 길이만큼 준비한다
② 바이어스 테이프를 펼친다
③ 바이어스 테이프의 한 쪽을 잘라낸다
④ 자른 바이어스 테이프를 바이어스 메이커 안으로 통과시켜 접어 다린다
※ 바이어스 메이커가 없는 경우에는 지정된 폭으로 접어 다린다

4-4 맞주름 표시와 잡는 방법

빗금의 높은 쪽에서 낮은 쪽으로 원단을 접어 맞주름을 잡습니다.

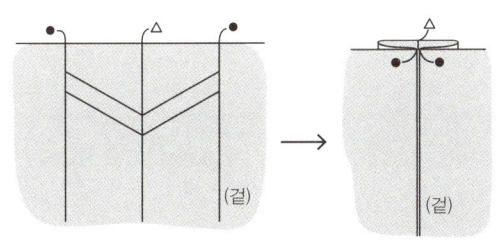

4-5 턱 표시와 잡는 방법

빗금의 높은 쪽에서 낮은 쪽으로 원단을 접어 턱 주름을 잡습니다.

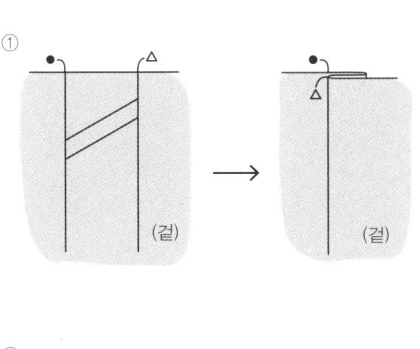

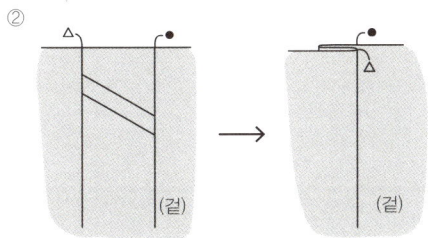

4-6 주름 잡는 방법

이 페이지에서는 스커트 다는 방법 기준으로 설명합니다.

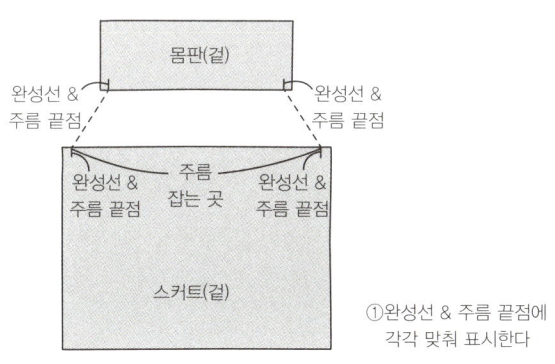

① 완성선 & 주름 끝점에 각각 맞춰 표시한다

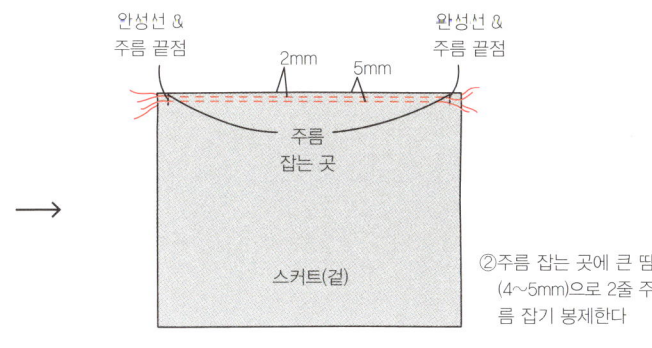

② 주름 잡는 곳에 큰 땀 (4~5mm)으로 2줄 주름 잡기 봉제한다

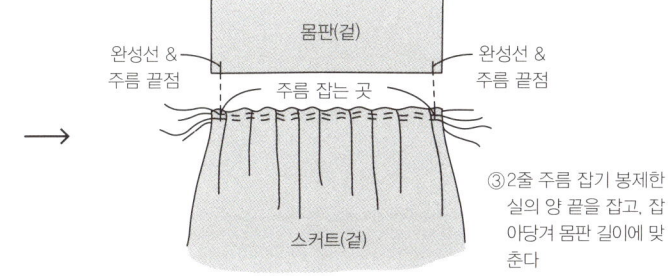

③ 2줄 주름 잡기 봉제한 실의 양 끝을 잡고, 잡아당겨 몸판 길이에 맞춘다

one point lesson

4-7 고무줄 끼우개 사용 방법

집게형 끼우개는 끈이나 고무줄의 끝을 한 번 꽉 조여주기 때문에 중간에 끈이 빠질 염려 없이 쉽고 빠르게 통과시킬 수 있습니다.

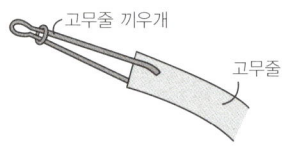

①고무줄 끼우개 끝에 고무줄을 끼운다

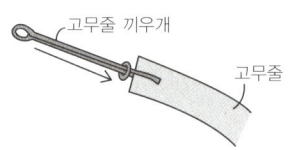

②링을 고무줄 끼우개 끝으로 옮겨 꽉 조여준다

4-8 단추 위치 정하기

〈단춧구멍 크기 계산하기〉

①가로 단춧구멍 위치 정하기

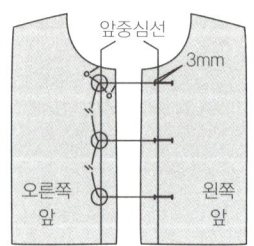

②세로 단춧구멍 위치 정하기

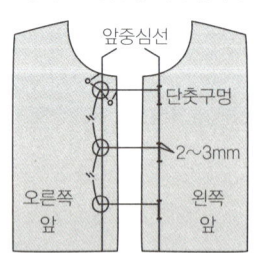

4-9 단춧구멍 만들기와 단추 달기

| 손바느질로 단춧구멍 만들기 |

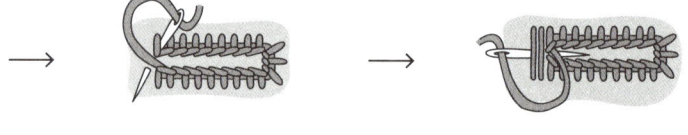

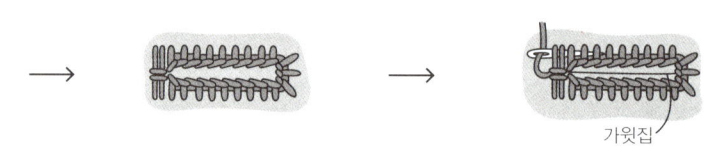

| 단추 달기 |

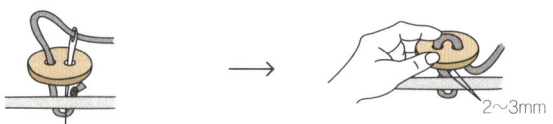

①2~3회 반복하여 바느질 한다

②천과 단추 사이에 2~3mm 정도의 공간을 만든다

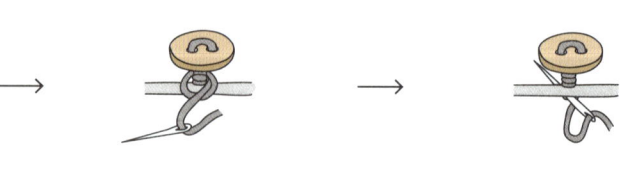

③매듭을 2~3회 반복해서 만들어 준다

④매듭을 만들고 겉으로 실을 뽑아 자른다

4 - 10 실루프 만드는 방법

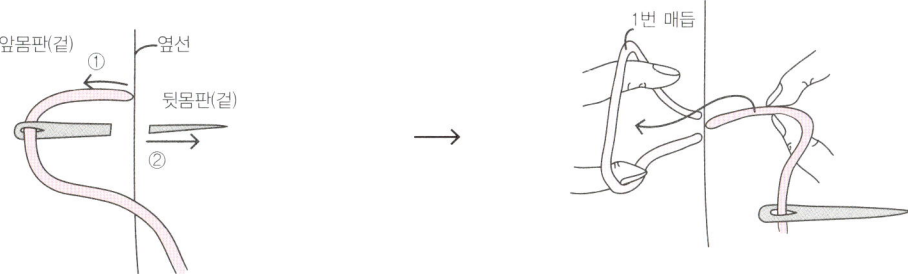

①실 끝에 매듭을 짓고 원단 안쪽에서 겉으로 바늘을 빼준다
②실이 나온 옆쪽으로 다시 바늘을 빼내어 삼각형 모양이 되도록 만들어준다

③왼손 엄지와 검지를 이용해 고리를 만들고
오른손으로 겉으로 빼낸 실을 잡는다

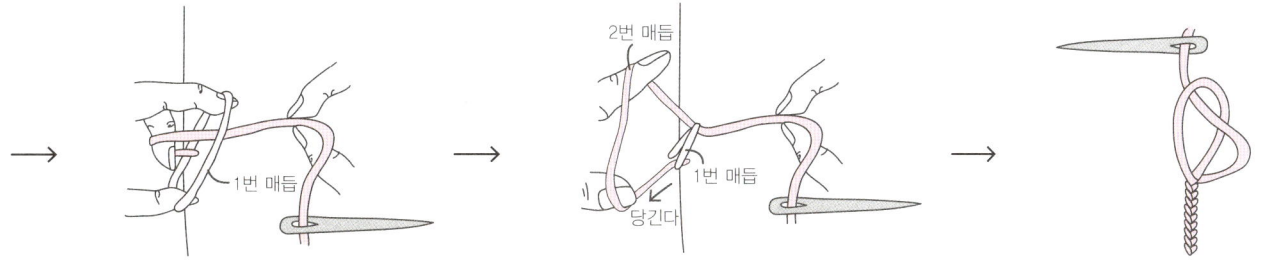

④왼손 중지를 이용해 고리 사이로 실을 당긴다

⑤엄지와 중지로 만든 고리를 놓고, 당긴 실로
다시 고리를 만든 후 원하는 길이가 될 때까지
③~⑤과정을 반복한다

⑥원하는 길이가 되면 마지막 고리 안으로
바늘을 넣어 실을 잡아 당기고, 몸판 안으로
바늘을 통과시켜 고정시킨 후 마무리한다

4 - 11 자석단추 다는 방법

| 자석단추 |

수놈   고정판   암놈   고정판

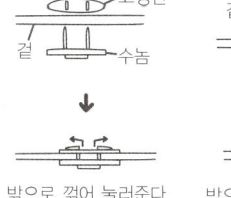

밖으로 꺾어 눌러준다   밖으로 꺾어 눌러준다

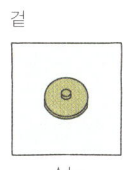 

수놈   암놈

4 - 12 소매 오그림 주는 방법

소매 오그림은 주름을 주기 위한 것이 아니라 소매의 어깨부분에 입체감을 주기 위해 사용하는 방법입니다. 봉제시 주름이 잡히지 않도록 주의합니다.

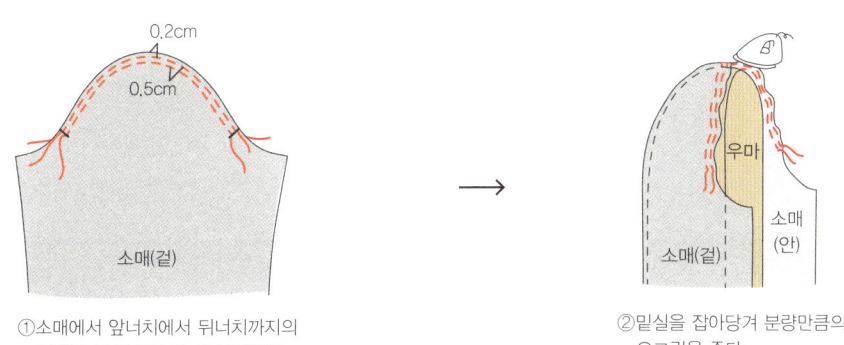

①소매에서 앞너치에서 뒤너치까지의
시접에 큰 땀으로 두 줄 봉제한다

②밑실을 잡아당겨 분량만큼의
오그림을 준다

how to make

이 책에서는 작품을 성인(55/66/77/88) 사이즈, 아동(90/100/110/120/130) 사이즈로 소개하고 있습니다. P.62의 3-1 사이즈 표를 확인한 다음, 각 작품의 만드는 방법 페이지에 기재된 완성 사이즈를 참고해 적합한 사이즈를 선택해주세요.

—

패턴을 사용하는 방법은 P.63의 3-5 패턴 사용 방법을 참고합니다. 이 책의 부록인 실물크기 패턴지의 패턴에는 시접이 포함되어 있지 않습니다. 각 작품 만드는 방법 페이지의 재단 배치도에 기재된 치수에 따라 시접을 더해주세요.

—

각 작품 만드는 방법 페이지의 재단 배치도에 표기된 원단 요척과 재료의 양은 가장 큰 사이즈의 패턴을 기준으로 작성되어 있습니다. 다른 사이즈의 패턴으로 제작할 경우, 약간의 차이가 있을 수 있습니다.

—

각 작품 만드는 방법 페이지에 기재된 원단의 폭은 화보 속 작품을 제작한 원단의 폭 기준으로 작성되었습니다. 다른 폭의 원단으로 제작 시 소요량에 약간의 차이가 있을 수 있으니, P.64의 3-7 원단 소요량 계산하는 방법을 참고하여 원단 소요량을 계산한 다음 재단해주세요.

no.01. 02 셔츠 원피스

▶화보 P.11
▶no.01 Pattern A면 / no.02 Pattern B면

성인[no.01] 재료

- 겉감 …… 150cm폭 x 315cm
- 소잉심지 …… 110cm폭 x 225cm
- 1.2cm폭 소잉테이프 심지 …… 1팩
- 1.1cm폭 단추 …… 8개

아동[no.02] 재료

- 겉감 …… 110cm폭 x 225cm
- 소잉심지 …… 110cm폭 x 90cm
- 1.2cm폭 소잉테이프 심지 …… 1팩
- 1.1cm폭 단추 …… 90~110 사이즈: 6개
  120~130 사이즈: 7개

성인[no.01] 재단배치도

- 지정 이외의 시접은 1cm
- ▨ 부분에 소잉심지를 붙인다
- ▨ 부분에 소잉테이프 심지를 붙인다
- ∿∿∿ 표시된 부분은 지그재그봉제 또는 오버록 처리한다
- 길이가 긴 패턴은 분리하여 수록하였습니다
  맞춤점에 맞춰 한 장으로 연결해주세요
- 끈감은 직접 제도하여 사용합니다

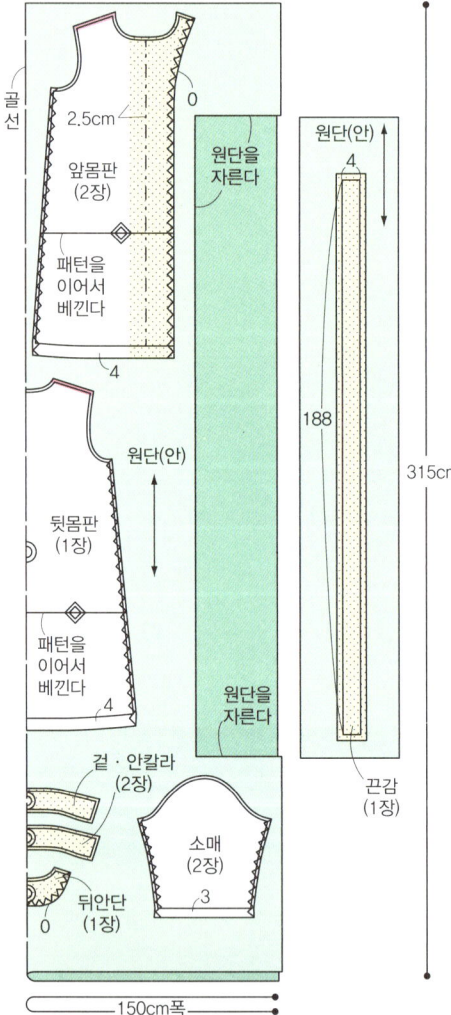

※no.02(아동) 재단배치도는 P.74에 있습니다.

완성 사이즈
※성인/아동 완성 사이즈는 P.74에 있습니다.

만드는 순서
·성인 [no.01]
·아동 [no.02]

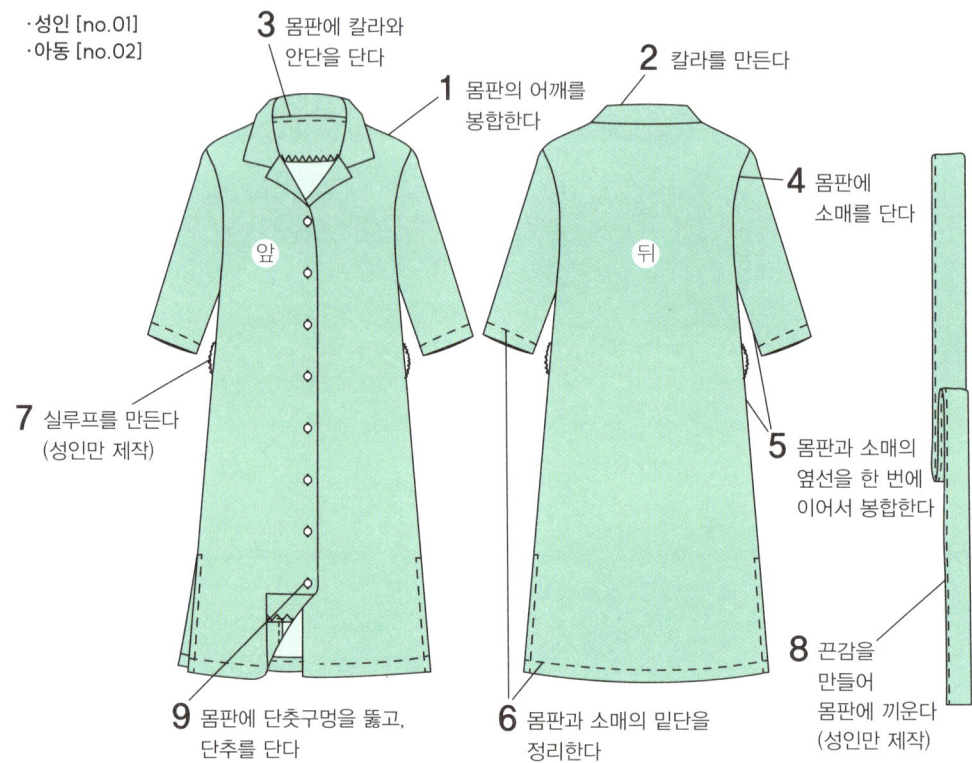

1 몸판의 어깨를 봉합한다
2 칼라를 만든다
3 몸판에 칼라와 안단을 단다
4 몸판에 소매를 단다
5 몸판과 소매의 옆선을 한 번에 이어서 봉합한다
6 몸판과 소매의 밑단을 정리한다
7 실루프를 만든다 (성인만 제작)
8 끈감을 만들어 몸판에 끼운다 (성인만 제작)
9 몸판에 단춧구멍을 뚫고, 단추를 단다

만드는 방법
★치수가 기재되어 있지 않은 곳은 1cm로 봉합합니다.

1 몸판의 어깨를 봉합한다
2 칼라를 만든다

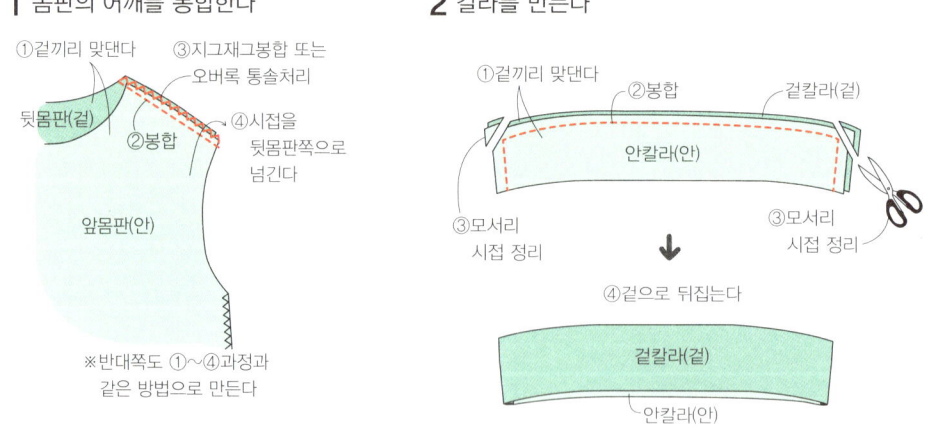

3 몸판에 칼라와 안단을 단다

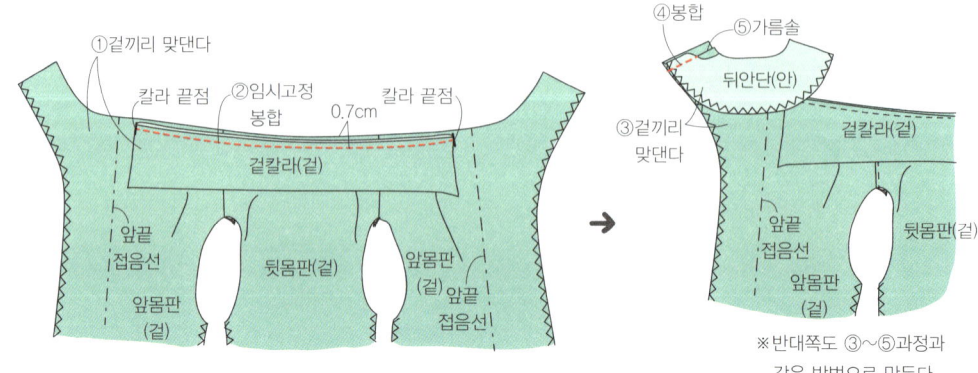

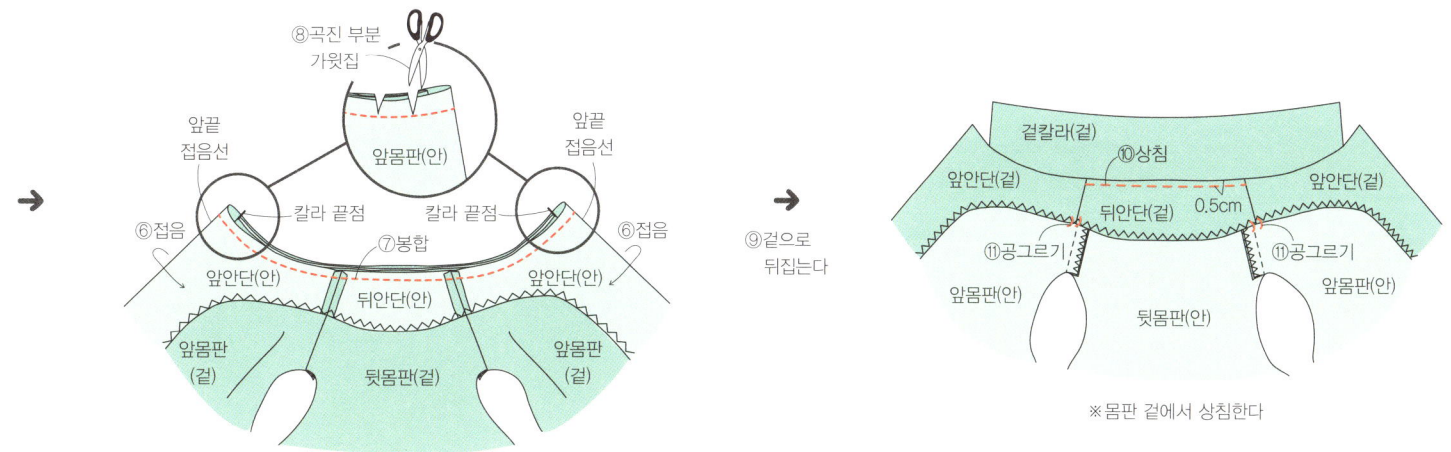

4 몸판에 소매를 단다 (P.88 / 2-①~④ 참고)

5 몸판과 소매의 옆선을 한 번에 이어서 봉합한다

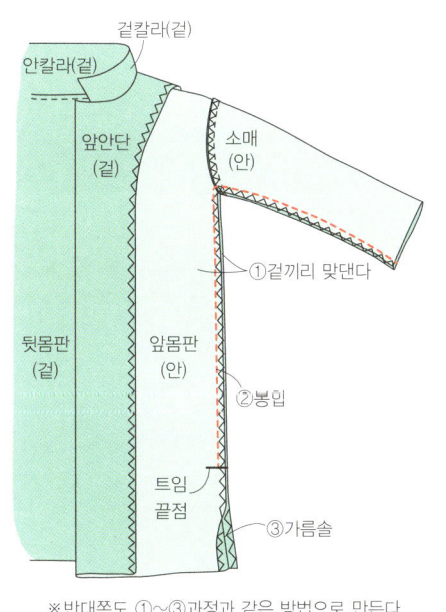

6 몸판과 소매의 밑단을 정리한다

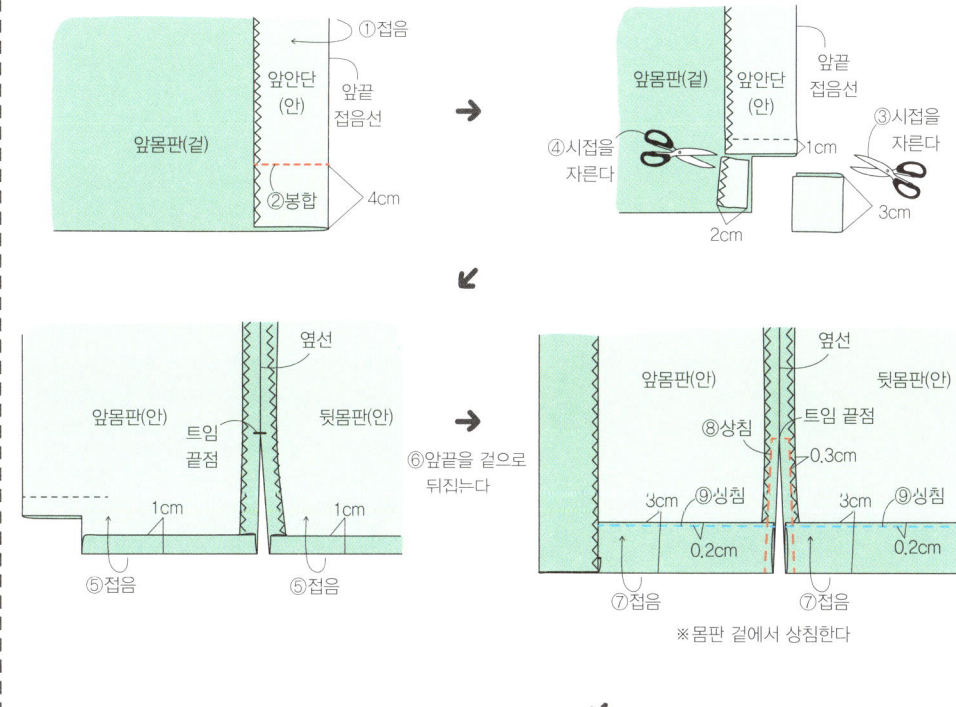

7 실루프를 만든다 (성인만 제작)

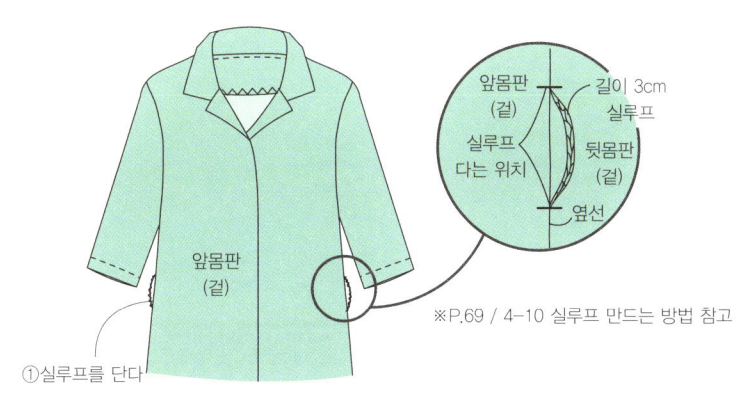

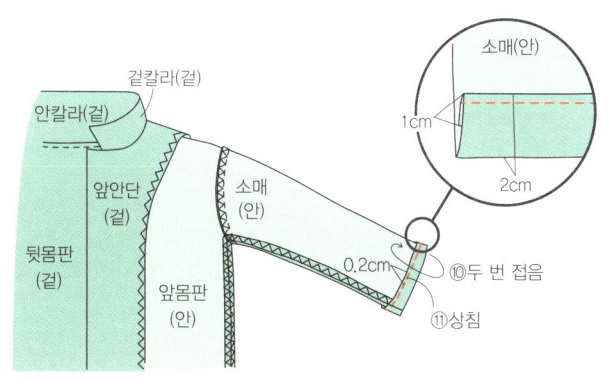

8 끈감을 만들어 몸판에 끼운다 (성인만 제작)

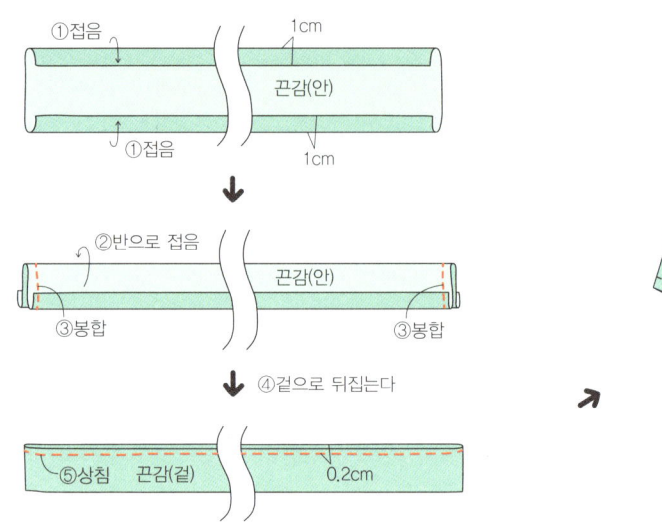
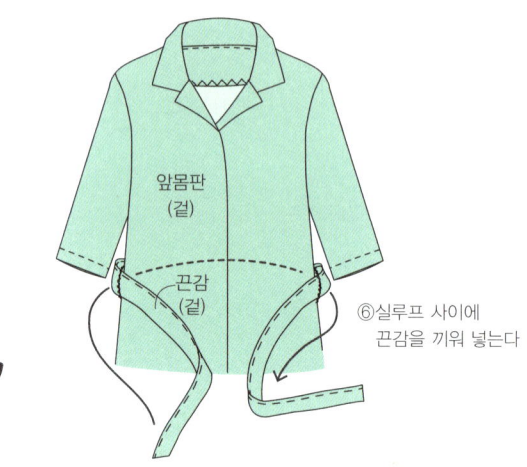

9 몸판에 단춧구멍을 뚫고, 단추를 단다

①오른쪽에 단춧구멍을 뚫고, 왼쪽에 단추를 단다

※성인: 8개
※아동: 90~110 사이즈: 6개
　　　　120~130 사이즈: 7개

아동[no.02] 재단배치도

· 지정 이외의 시접은 1cm
· 부분에 소잉심지를 붙인다
· 부분에 소잉테이프 심지를 붙인다
· ∧∧∧ 표시된 부분은 지그재그봉제 또는 오버록 처리한다

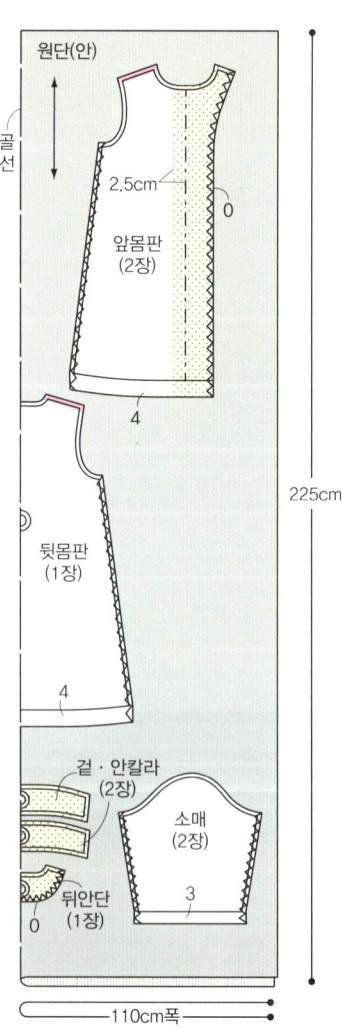

완성 사이즈

성인 [no.01]

사이즈 명칭	55	66	77	88
가슴둘레	102	107	112	117
옷길이	105	106	108	110
소매길이	39.5	40.5	41.5	42.5

아동 [no.02]

사이즈 명칭	90	100	110	120	130
가슴둘레	62	66	70	74	78
옷길이	57	61	65	69	73
소매길이	18.5	22	25.5	29	32.5

no.03 셔츠

▶ 화보 P.13
▶ no.03 Pattern B면

아동[no.03] 재료

- 겉감 …… 110cm폭 x 135cm
- 소잉심지 …… 110cm폭 x 90cm
- 1.2cm폭 소잉테이프 심지 …… 1팩
- 1.1cm폭 단추 …… 90~120 사이즈: 4개
                130 사이즈: 5개

완성 사이즈

아동 [no.03]

사이즈 명칭	90	100	110	120	130
가슴둘레	62	66	70	74	78
옷길이	34	38	42	46	50
소매길이	12	13.5	15	16.5	18

아동[no.03] 재단배치도

- 지정 이외의 시접은 1cm
- 부분에 소잉심지를 붙인다
- 부분에 소잉테이프 심지를 붙인다
- ∨∨∨ 표시된 부분은 지그재그봉제 또는 오버록 처리한다

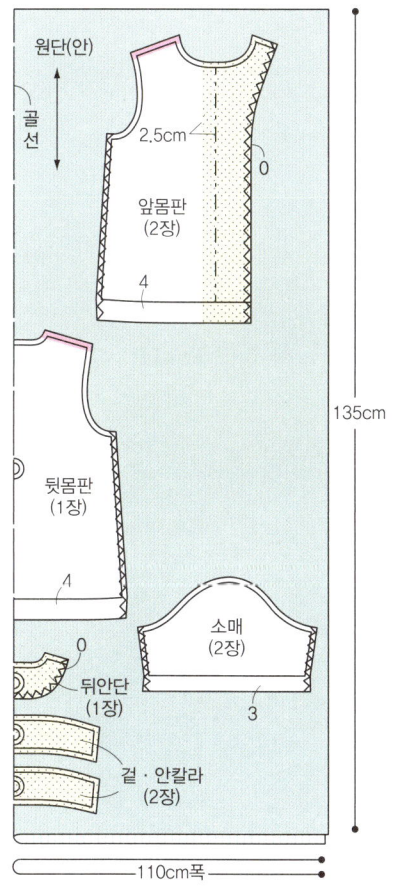

만드는 순서

· 아동 [no.03]

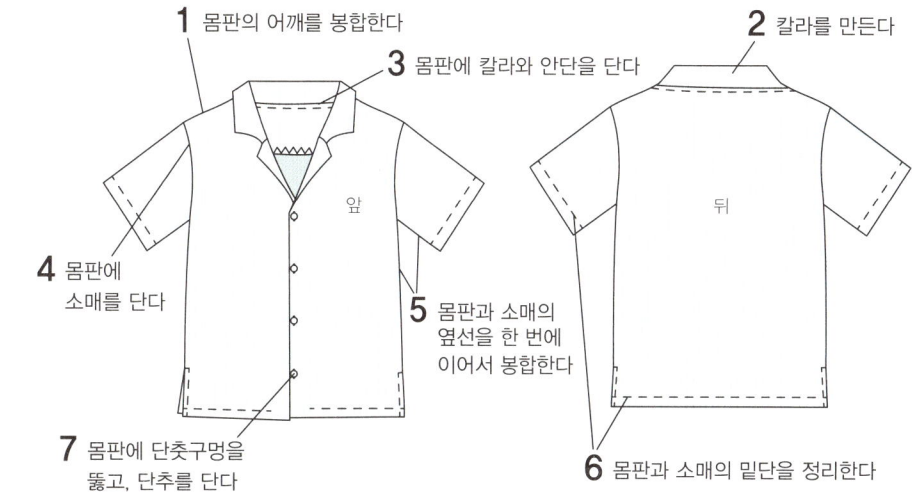

1 몸판의 어깨를 봉합한다
2 칼라를 만든다
3 몸판에 칼라와 안단을 단다
4 몸판에 소매를 단다
5 몸판과 소매의 옆선을 한 번에 이어서 봉합한다
6 몸판과 소매의 밑단을 정리한다
7 몸판에 단춧구멍을 뚫고, 단추를 단다

만드는 방법 ★치수가 기재되어 있지 않은 곳은 1cm로 봉합합니다.

1 몸판의 어깨를 봉합한다 (P.72 / 1-①~④ 참고)
2 칼라를 만든다 (P.72 / 2-①~④ 참고)
3 몸판에 칼라와 안단을 단다 (P.72~73 / 3-①~⑪ 참고)
4 몸판에 소매를 단다 (P.88 / 2-①~④ 참고)
5 몸판과 소매의 옆선을 한 번에 이어서 봉합한다 (P.73 / 5-①~③ 참고)
6 몸판과 소매의 밑단을 정리한다 (P.73 / 6-①~⑪ 참고)
7 몸판에 단춧구멍을 뚫고, 단추를 단다

① 왼쪽에 단춧구멍을 뚫고, 오른쪽에 단추를 단다

※130사이즈는 단춧구멍과 단추를 5개로 제작합니다

no.04, 05 퍼프소매 블라우스

▶화보 P.14
▶no.04 Pattern A면 / no.05 Pattern C면

성인[no.04] 재료

- 겉감 …… 110cm폭 x 315cm
- 소잉심지 …… 15cm폭 x 15cm
- 1.2cm폭 소잉테이프 심지 …… 1팩
- 1.3cm폭 단추 …… 1개
- 단춧구멍 테이프 …… 1개
- 1cm폭 고무줄 …… 1팩
- 1.2cm폭 바이어스메이커 …… 1개

아동[no.05] 재료

- 겉감 …… 110cm폭 x 135cm
- 소잉심지 …… 15cm폭 x 15cm
- 1.2cm폭 소잉테이프 심지 …… 1팩
- 1.3cm폭 단추 …… 1개
- 단춧구멍 테이프 …… 1개
- 1cm폭 고무줄 …… 1팩
- 1.2cm폭 바이어스메이커 …… 1개

완성 사이즈

성인 [no.04]

사이즈 명칭	55	66	77	88
가슴둘레	115	120	125	130
옷길이	63	64	67	69
소매길이	37.5	38	40	40.5

아동 [no.05]

사이즈 명칭	90	100	110	120	130
가슴둘레	70	74	78	82	86
옷길이	33	36.5	40.5	45.5	50.5
소매길이	22	25	28	32	36

성인[no.04] 재단배치도

- 지정 이외의 시접은 1cm
- ▓ 부분에 소잉심지를 붙인다
- ▓ 부분에 소잉테이프 심지를 붙인다
- ⌇ 표시된 부분은 지그재그봉제 또는 오버록 처리한다
- 안바이어스천은 직접 제도하여 사용합니다

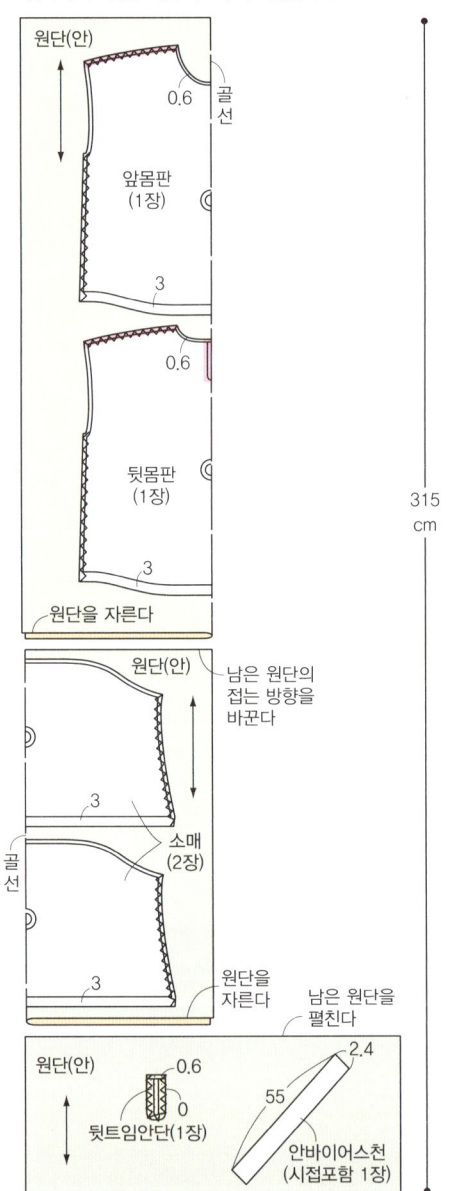

※no.05(아동) 재단배치도는 P.78에 있습니다.

만드는 순서

- 성인 [no.04]
- 아동 [no.05]

1. 뒷몸판에 단춧구멍 테이프를 달고, 몸판의 어깨를 봉합한다
2. 목둘레를 안바이어스 처리한다
3. 몸판에 소매를 단다
4. 몸판과 소매의 옆선을 한 번에 이어서 봉합한다
5. 몸판과 소매의 밑단을 정리한다
6. 소매에 고무줄을 단다
7. 몸판에 단추를 단다

만드는 방법

★치수가 기재되어 있지 않은 곳은 1cm로 봉합합니다.

1 뒷몸판에 단춧구멍 테이프를 달고, 몸판의 어깨를 봉합한다

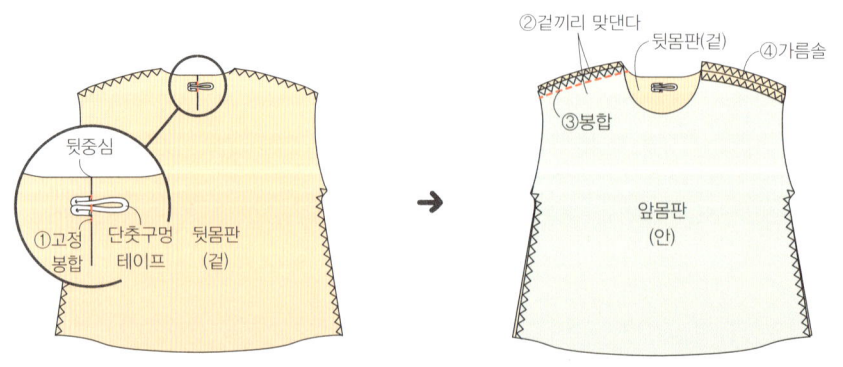

2 목둘레를 안바이어스 처리한다

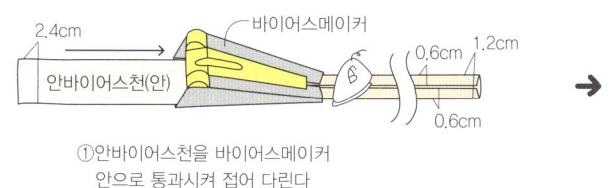

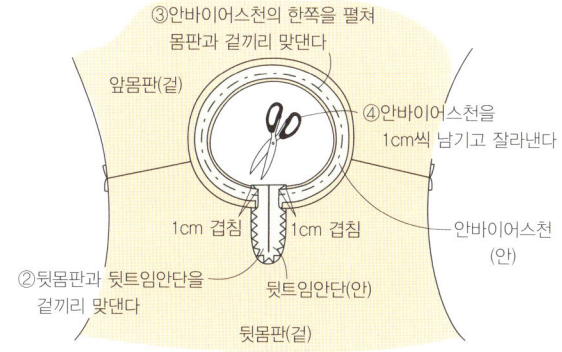

3 몸판에 소매를 단다

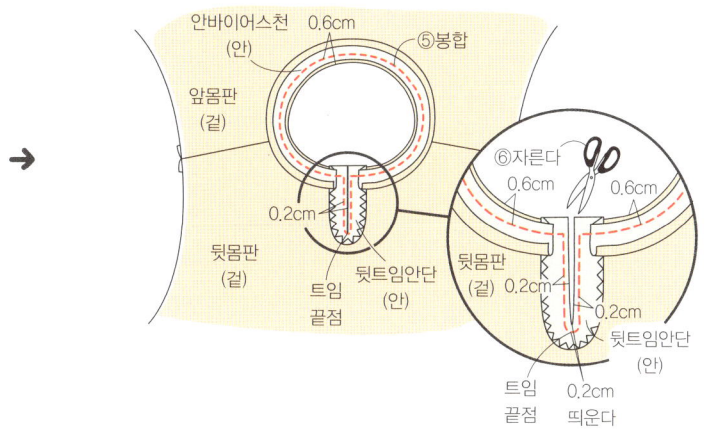

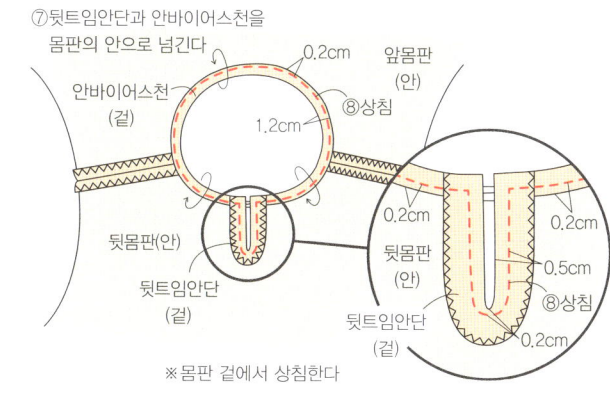

4 몸판과 소매의 옆선을 한 번에 이어서 봉합한다

5 몸판과 소매의 밑단을 정리한다

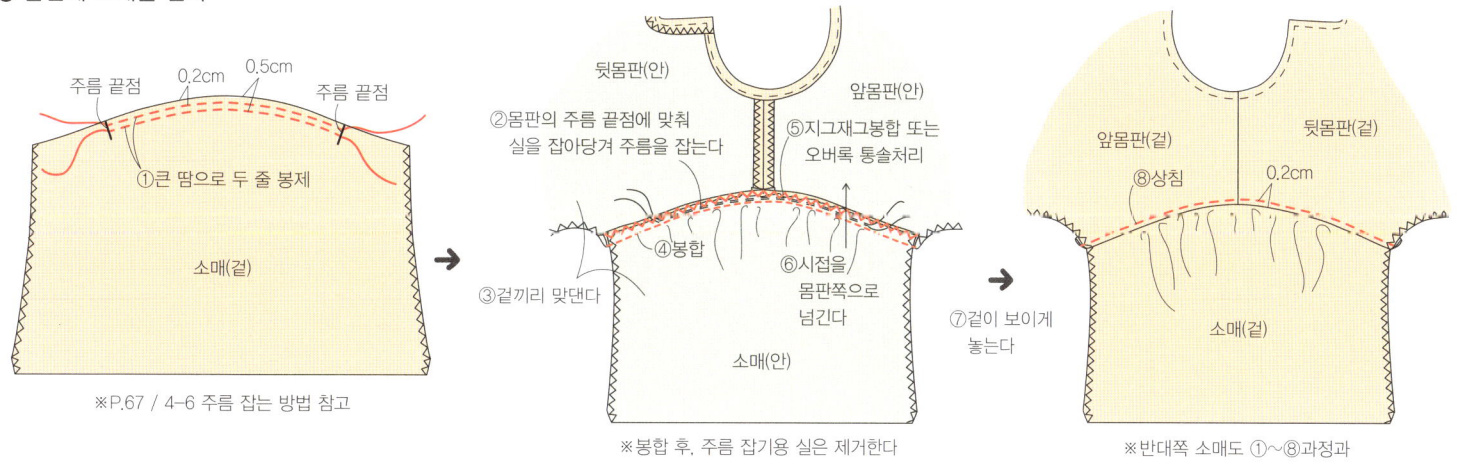

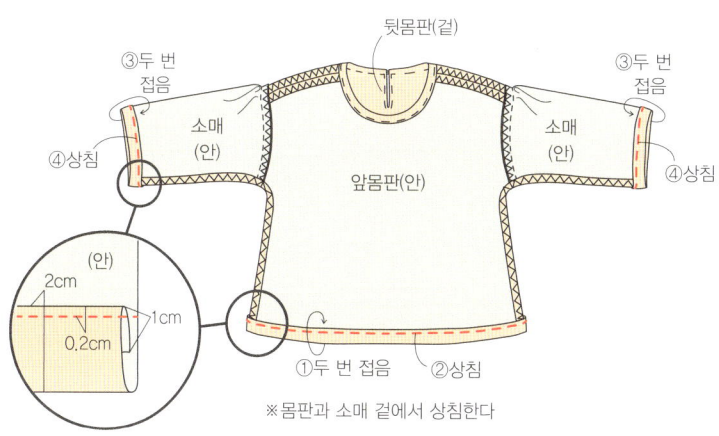

6 소매에 고무줄을 단다

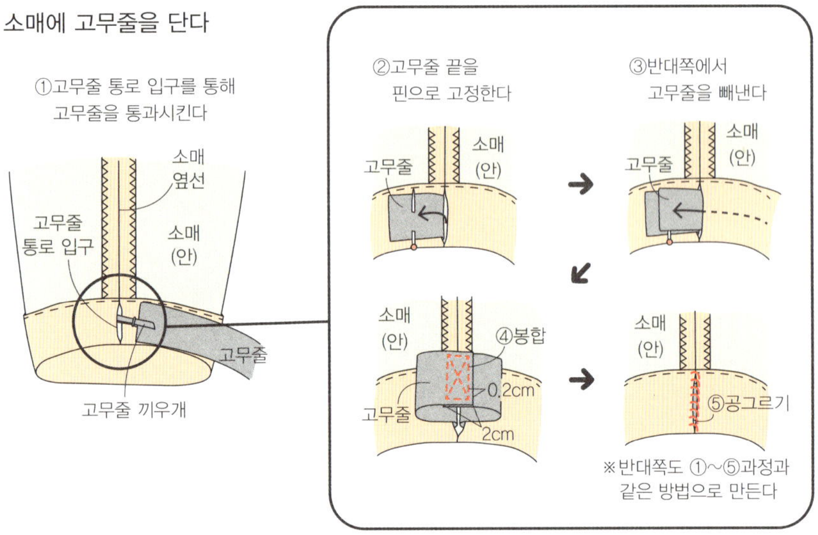

① 고무줄 통로 입구를 통해 고무줄을 통과시킨다

② 고무줄 끝을 핀으로 고정한다

③ 반대쪽에서 고무줄을 빼낸다

④ 봉합 0.2cm / 2cm

⑤ 공그르기

※ 반대쪽도 ①~⑤과정과 같은 방법으로 만든다

※ 성인 소매 고무줄 길이 – 55:23cm / 66:23cm / 77:24cm / 88:24cm
※ 아동 소매 고무줄 길이 – 90:18cm / 100:18cm / 110:19cm / 120:19cm / 130:20cm

7 몸판에 단추를 단다

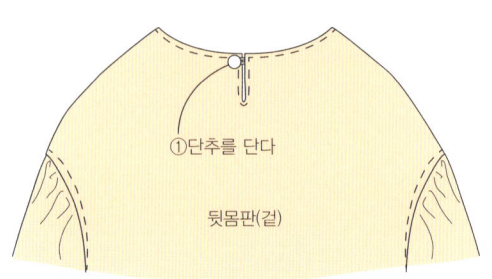

① 단추를 단다

뒷몸판(겉)

아동[no.05] 재단배치도

- 지정 이외의 시접은 1cm
- 부분에 소잉심지를 붙인다
- 부분에 소잉테이프 심지를 붙인다
- 표시된 부분은 지그재그봉제 또는 오버록 처리한다
- 안바이어스천은 직접 제도하여 사용합니다

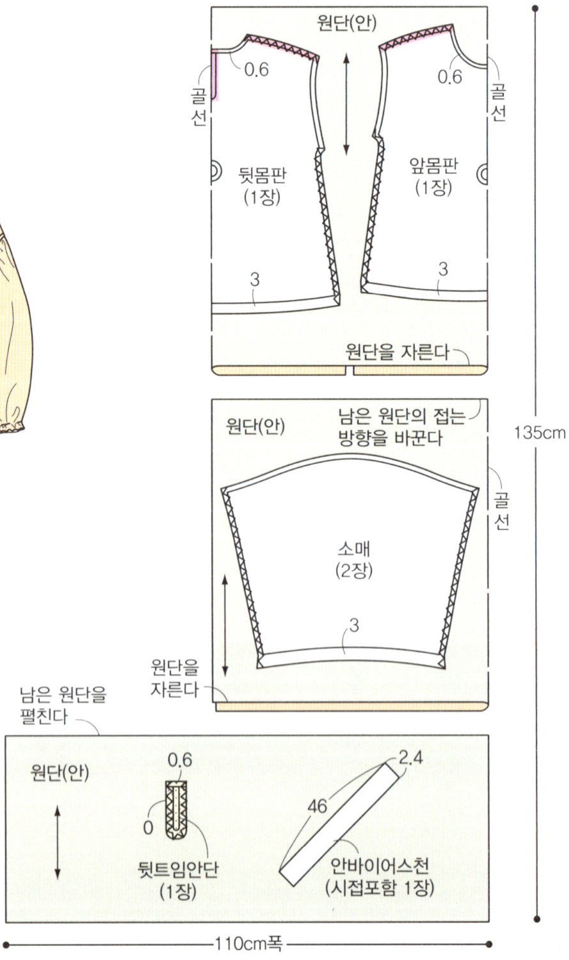

Finish

no.06. 07 배기 팬츠

▶ 화보 P.16
▶ no.06 Pattern B면 / no.07 Pattern A면

성인[no.06] 재료

· 겉감 …… 150cm폭 x 225cm
· 소잉심지 …… 15cm폭 x 180cm
· 1.2cm폭 소잉테이프 심지 …… 1팩
· 3cm폭 고무줄 …… 1팩

아동[no.07] 재료

· 칠부 기장 겉감 …… 110cm폭 x 135cm
· 긴 기장 겉감 …… 110cm폭 x 180cm
· 소잉심지 …… 10cm폭 x 90cm
· 1.2cm폭 소잉테이프 심지 …… 1팩
· 2cm폭 고무줄 …… 1팩

완성 사이즈

※성인/아동 완성 사이즈는 P.81에 있습니다.

만드는 순서

· 성인 [no.06]
· 아동 [no.07]

성인[no.06] 재단배치도

· 지정 이외의 시접은 1cm
· ▨ 부분에 소잉심지를 붙인다
· ▨ 부분에 소잉테이프 심지를 붙인다

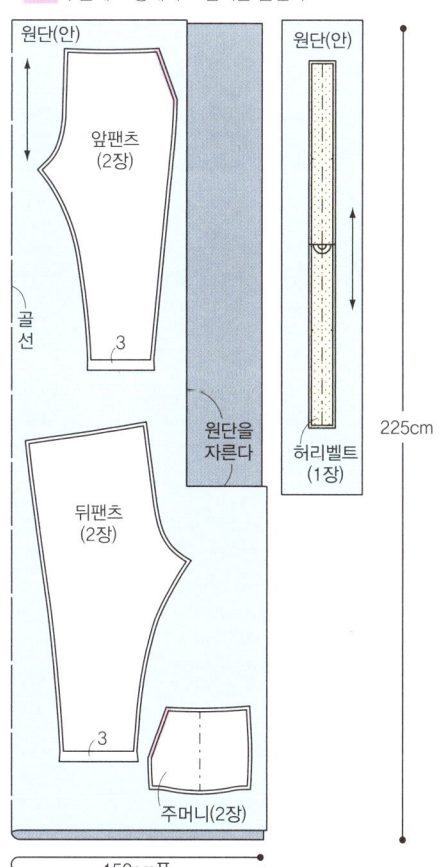

※no.07(아동) 재단배치도는 P.81에 있습니다.

만드는 방법

★치수가 기재되어 있지 않은 곳은 1cm로 봉합합니다.

1 앞팬츠에 옆선 주머니를 단다

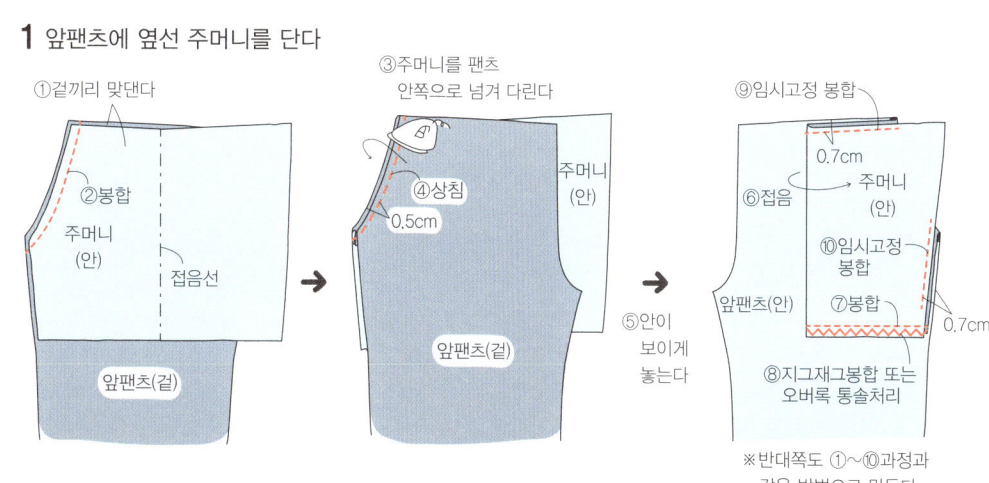

2 팬츠의 옆선을 봉합한다

3 팬츠의 밑위를 봉합한다

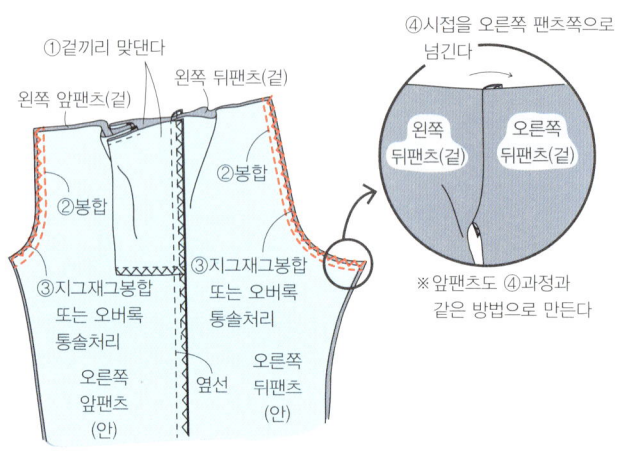

4 팬츠의 밑아래를 봉합한다

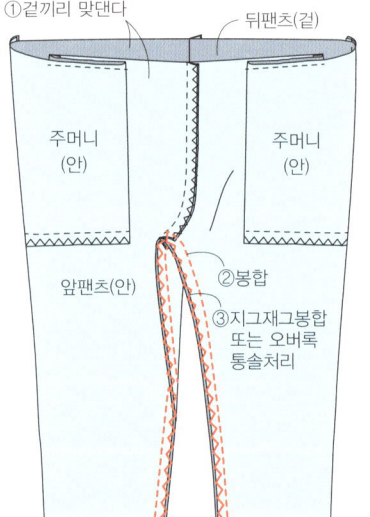

5 허리벨트를 만들어 팬츠에 단다

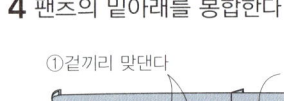

※ 성인 허리벨트 고무줄 통로 4cm
※ 아동 허리벨트 고무줄 통로 3cm

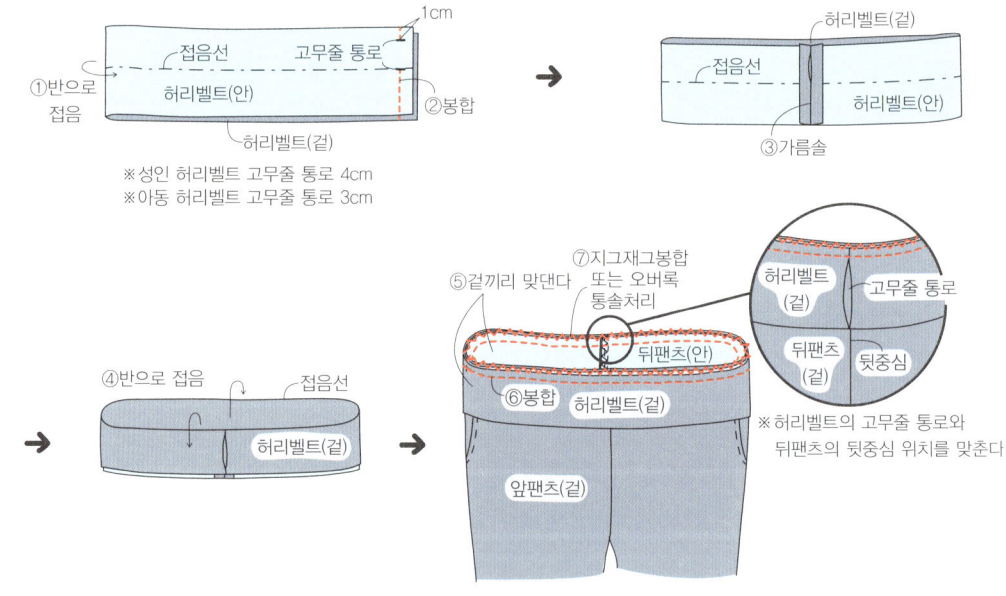

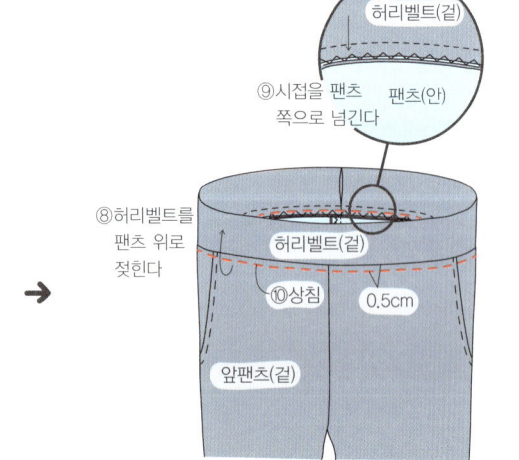

※ 성인 고무줄 길이 – 55:65cm / 66:69cm
　　　　　　　　　　77:73cm / 88:77cm
※ 아동 고무줄 길이 – 90:44cm / 100:46cm
　　　　　　　　　　110:48cm / 120:50cm
　　　　　　　　　　130:52cm

※ P.68 / 4-7 고무줄 끼우개 사용 방법 참고

6 팬츠의 밑단을 정리한다

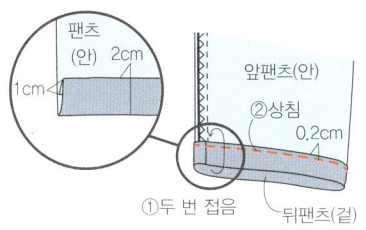

※ 팬츠 겉에서 상침한다
※ 반대쪽도 ①~②과정과 같은 방법으로 만든다

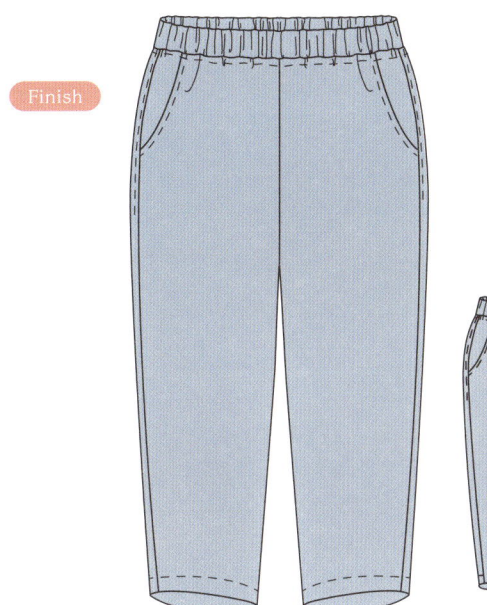

Finish

〈아동_칠부 기장〉 〈아동_긴 기장〉

아동[no.07] 재단배치도

- 지정 이외의 시접은 1cm
- ▦ 부분에 소잉심지를 붙인다
- ▦ 부분에 소잉테이프 심지를 붙인다

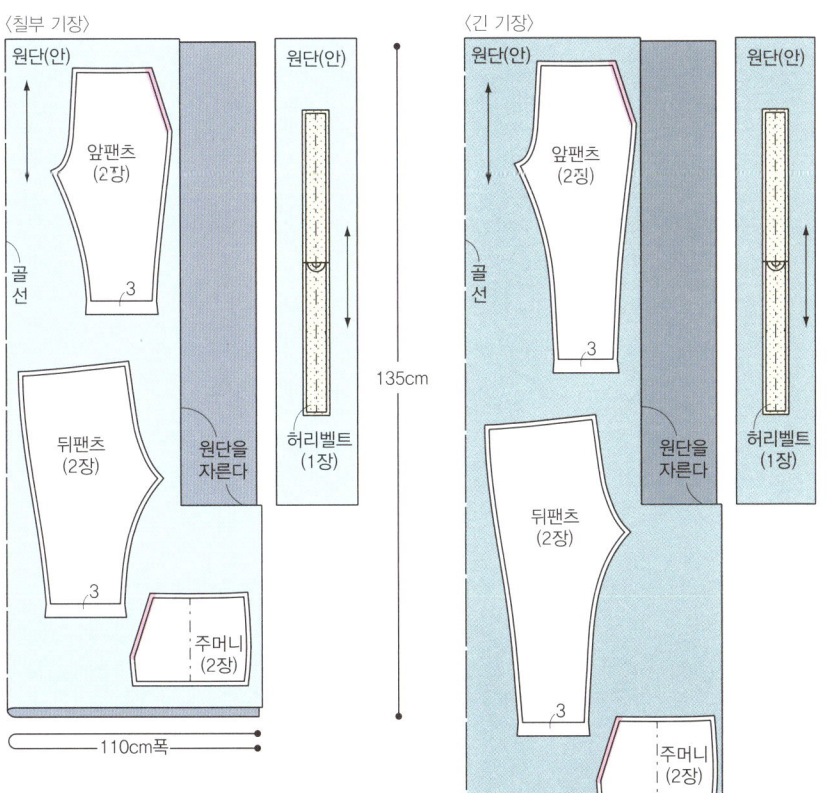

완성 사이즈

성인 [no.06]

사이즈\명칭	55	66	77	88
옷길이	83.5	85.5	87.5	89.5
허리둘레	101	111	121	131

※ 허리둘레는 고무줄을 달기 전 사이즈입니다

아동(칠부 기장) [no.07]

사이즈\명칭	90	100	110	120	130
옷길이	32	37	42	47	52
허리둘레	72	76	80	84	88

※ 허리둘레는 고무줄을 달기 전 사이즈입니다

아동(긴 기장) [no.07]

사이즈\명칭	90	100	110	120	130
옷길이	42	48	54	60	66
허리둘레	72	76	80	84	88

※ 허리둘레는 고무줄을 달기 전 사이즈입니다

no.08. 09 턱 스커트

▶화보 P.18
▶no.08, 09 직접 제도하여 사용합니다

성인[no.08] 재료

- 겉감 …… 150cm폭 x 180cm
- 소잉심지 …… 15cm폭 x 45cm
- 3cm폭 고무줄 …… 1팩

아동[no.09] 재료

- 겉감 …… 110cm폭 x 135cm
- 소잉심지 …… 10cm폭 x 45cm
- 2cm폭 고무줄 …… 1팩

성인[no.08] 재단배치도

- 지정 이외의 시접은 1cm
- 모든 패턴은 직접 제도하여 사용합니다
- 부분에 소잉심지를 붙인다
- 표시된 부분은 지그재그봉제 또는 오버록 처리한다
- 위(왼쪽)에서부터 55/66/77/88 사이즈

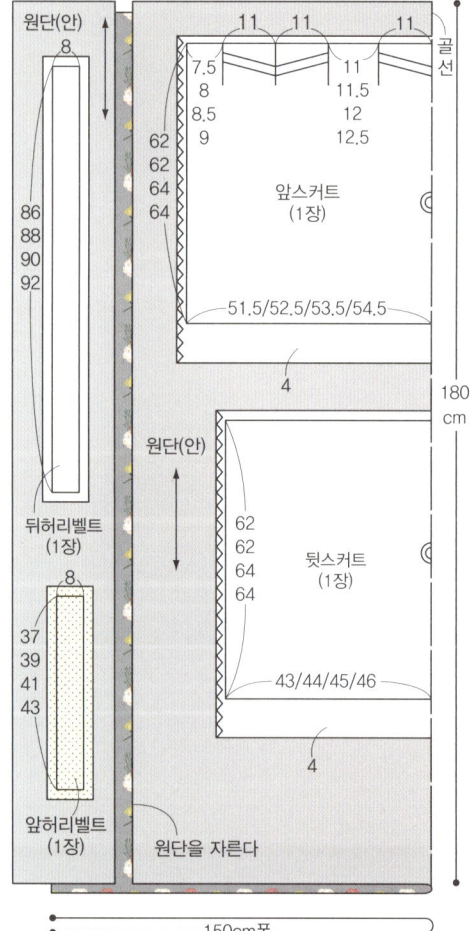

※no.09(아동) 재단배치도는 P.84에 있습니다.

완성 사이즈

성인 [no.08]

사이즈 명칭	55	66	77	88
옷길이	66	66	68	68
허리둘레	123	127	131	135

※허리둘레는 고무줄을 달기 전 사이즈입니다.

아동 [no.09]

사이즈 명칭	90	100	110	120	130
옷길이	34	37	40	43	46
허리둘레	80	84	88	92	96

※허리둘레는 고무줄을 달기 전 사이즈입니다.

만드는 순서

· 성인 [no.08]

1 스커트를 만든다
2 허리벨트를 만들어 스커트에 단다
3 허리벨트에 고무줄을 통과시킨다
4 스커트의 밑단을 정리한다

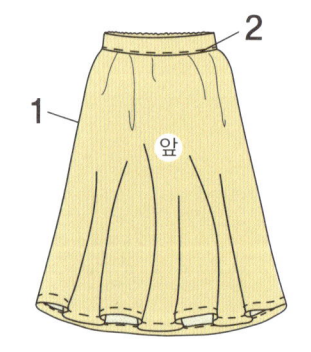
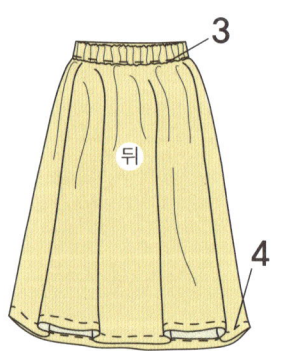

· 아동 [no.09]

만드는 방법

★치수가 기재되어 있지 않은 곳은 1cm로 봉합합니다.

1 스커트를 만든다 (성인)

①재단배치도 치수를 참고하여 턱을 잡는다
②임시고정 봉합
③겉끼리 맞댄다
④봉합
⑤가름솔

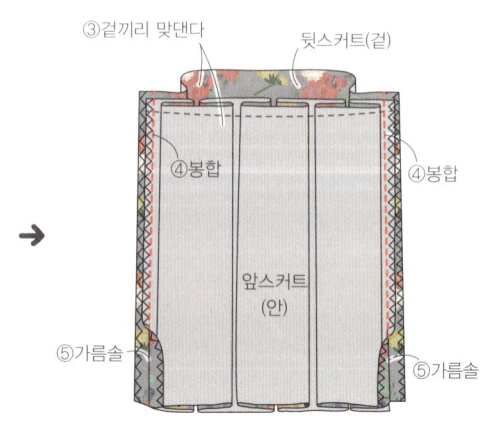

※P.67 / 4-4 맞주름 표시와 잡는 방법 참고

1 스커트를 만든다 (아동)

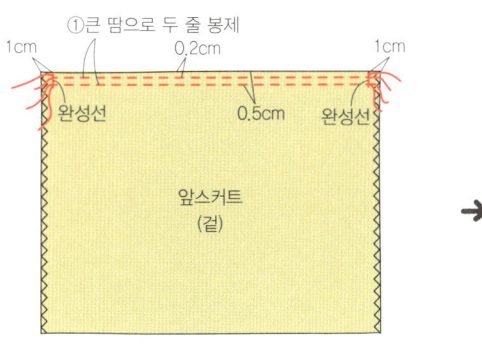
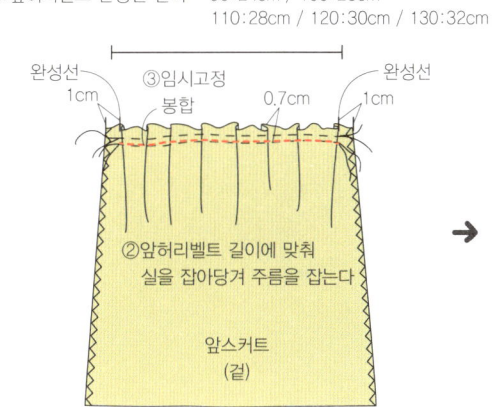
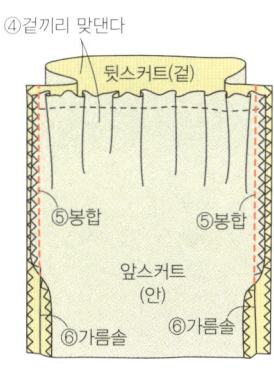

※2~4 과정은 성인 패턴을 기준으로 설명합니다 (제작 방법은 성인, 아동 모두 같습니다)

2 허리벨트를 만들어 스커트에 단다

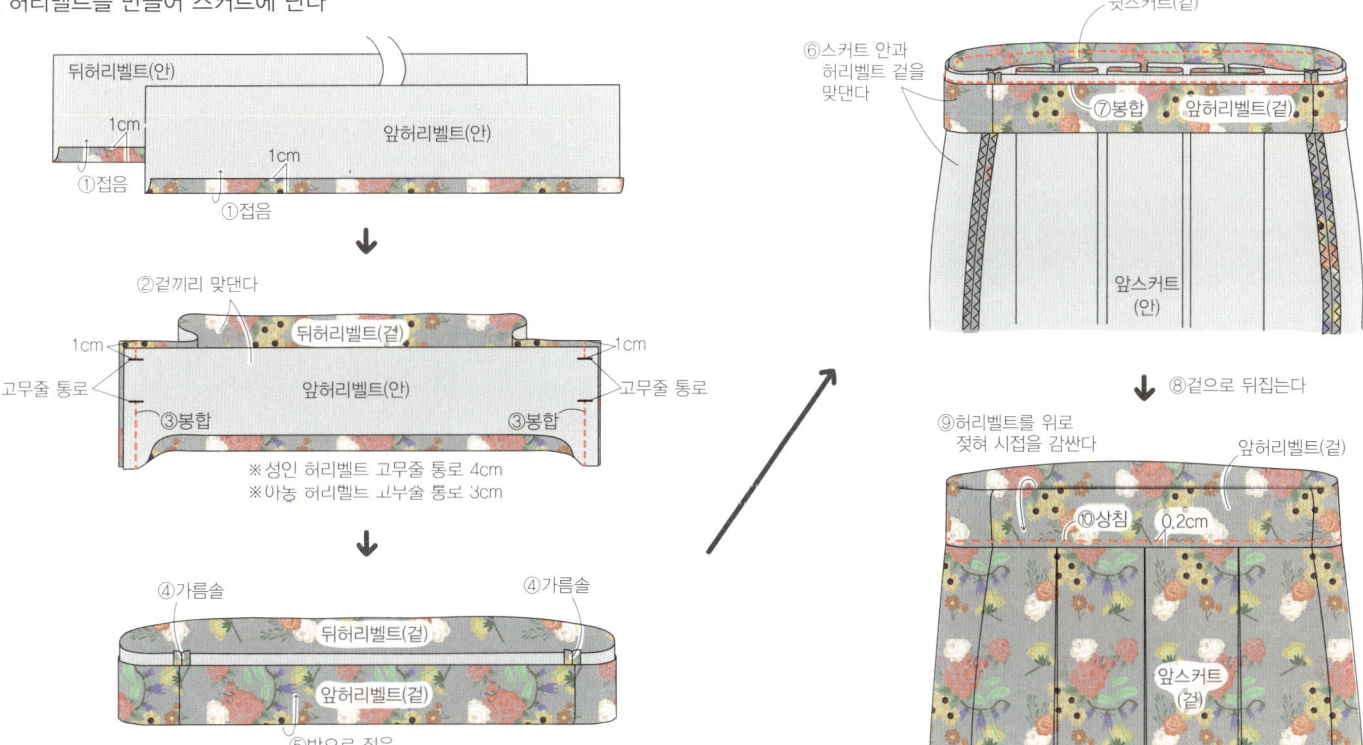

3 허리벨트에 고무줄을 통과시킨다

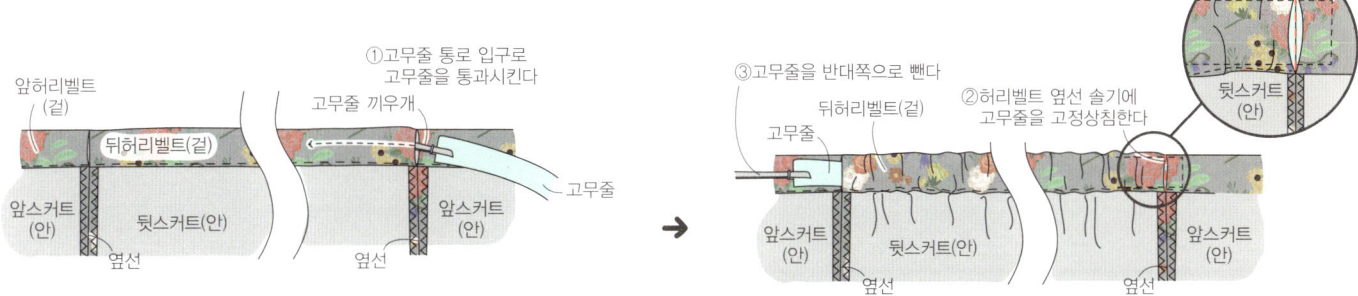

※P.68 / 4-7 고무줄 끼우개 사용 방법 참고
※성인 고무줄 길이 – 55:37cm / 66:39cm / 77:41cm / 88:43cm
※아동 고무줄 길이 – 90:29cm / 100:30cm / 110:31cm / 120:32cm / 130:33cm

no.08 09 턱 스커트

4 스커트의 밑단을 정리한다

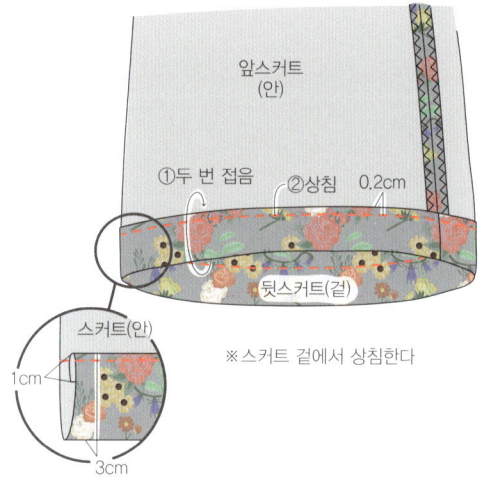

아동[no.09] 재단배치도

- 지정 이외의 시접은 1cm
- 모든 패턴은 직접 제도하여 사용합니다
- ▓ 부분에 소잉심지를 붙인다
- ⋀⋁ 표시된 부분은 지그재그봉제 또는 오버록 처리한다
- 위(왼쪽)에서부터 90/100/110/120/130 사이즈

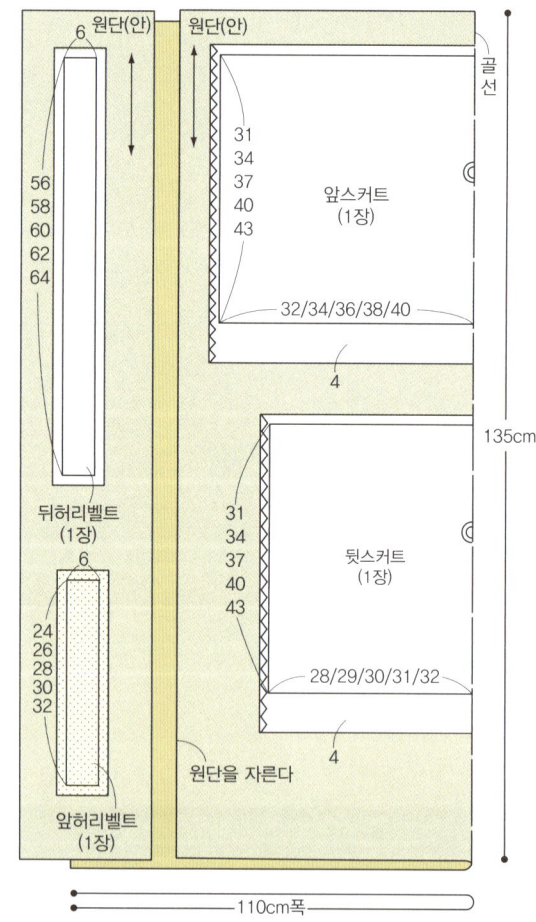

Finish

no.10, 11 사이드 포켓 원피스

▶ 화보 P.20
▶ no.10 Pattern C면 / no.11 Pattern B면

성인[no.10] 재료
- 겉감 …… 110cm폭 × 360cm
- 소잉심지 …… 70cm폭 × 30cm
- 1.2cm폭 소잉테이프 심지 …… 1팩
- 단춧구멍 테이프 …… 1개
- 1.3cm폭 단추 …… 1개

아동[no.11] 재료
- 겉감 …… 110cm폭 × 225cm
- 소잉심지 …… 60cm폭 × 25cm
- 1.2cm폭 소잉테이프 심지 …… 1팩
- 단춧구멍 테이프 …… 1개
- 1.3cm폭 단추 …… 1개

성인[no.10] 재단배치도
- 지정 이외의 시접은 1cm
- 부분에 소잉심지를 붙인다
- 부분에 소잉테이프 심지를 붙인다
- 표시된 부분은 지그재그봉제 또는 오버록 처리한다
- 길이가 긴 패턴은 분리하여 수록하였습니다 맞춤점에 맞춰 한 장으로 연결해주세요

완성 사이즈
※ 성인/아동 완성 사이즈는 P.86에 있습니다.

만드는 순서
- 성인 [no.10]
- 아동 [no.11]

1. 뒷몸판에 단춧구멍 테이프를 달고, 몸판을 만든다
2. 안단을 만들어 몸판에 단다
3. 몸판에 소매를 단다
4. 몸판과 소매의 옆선을 한 번에 이어서 봉합한다
5. 몸판과 소매의 밑단을 정리한다
6. 몸판에 단추를 단다

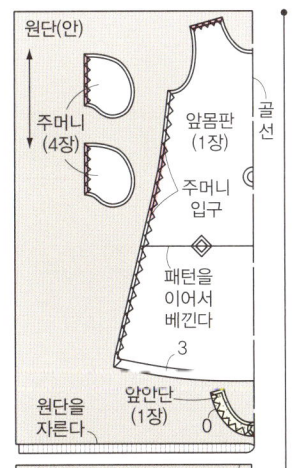

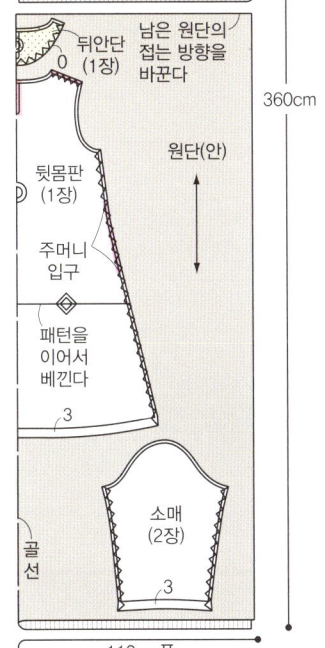

※ no.11(아동) 재단배치도는 P.86에 있습니다.

만드는 방법
★ 치수가 기재되어 있지 않은 곳은 1cm로 봉합합니다.

1 뒷몸판에 단춧구멍 테이프를 달고, 몸판을 만든다

no.10 11 사이드 포켓 원피스

2 안단을 만들어 몸판에 단다

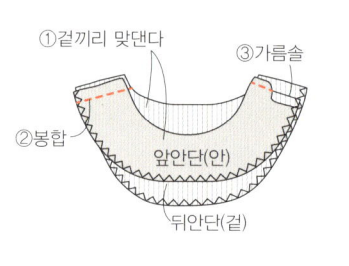
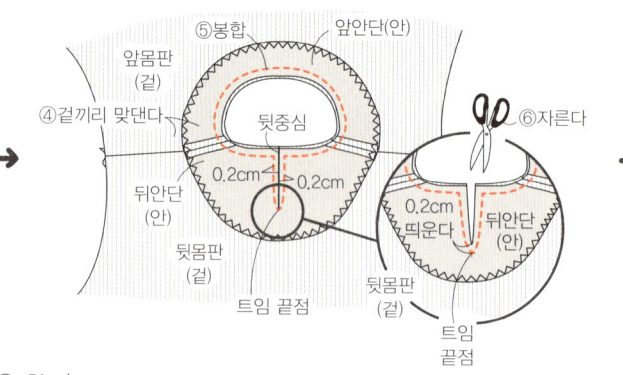
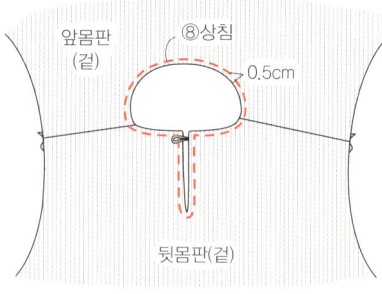

3 몸판에 소매를 단다 (P.88 / 2-①~④ 참고)

4 몸판과 소매의 옆선을 한 번에 이어서 봉합한다

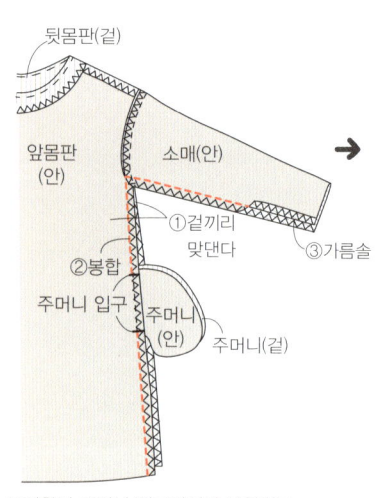
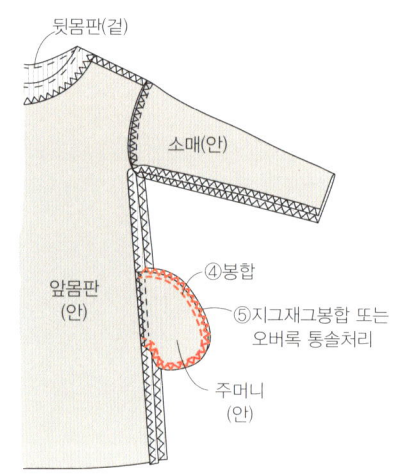

※ 정확히 주머니 입구까지만 봉합하고
주머니가 힘께 봉합되지 않도록 주의한다

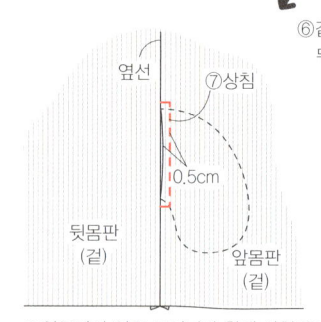

※ 앞몸판과 앞쪽 주머니만 함께 상침한다
※ 반대쪽도 ①~⑦과정과 같은 방법으로 만든다

5 몸판과 소매의 밑단을 정리한다
(P.77 / 5-①~④ 참고)

6 몸판에 단추를 단다 (P.78 / 7-① 참고)

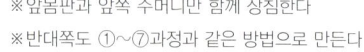

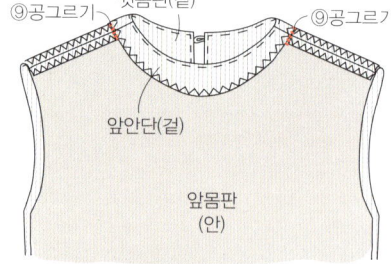

아동[no.11] 재단배치도

- 지정 이외의 시접은 1cm
- ▒ 부분에 소잉심지를 붙인다
- ▓ 부분에 소잉테이프 심지를 붙인다
- ∿ 표시된 부분은 지그재그봉제 또는 오버록 처리한다

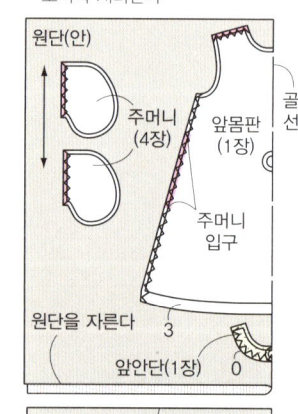
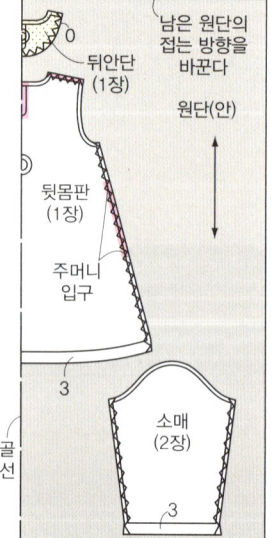

완성 사이즈

성인 [no.10]

사이즈 명칭	55	66	77	88
가슴둘레	97	101	106	111
옷길이	110	112	114	116
소매길이	48	49	50	51

아동 [no.11]

사이즈 명칭	90	100	110	120	130
가슴둘레	64	68	72	76	80
옷길이	57	61	64	68	72
소매길이	27.5	31	34.5	38	41.5

no.12, 13 로브 카디건

▶ 화보 P.22
▶ no.12 Pattern D면 / no.13 Pattern B면

성인[no.12] 재료
· 겉감 …… 150cm폭 x 315cm
· 소잉심지 …… 110cm폭 x 225cm
· 1.2cm폭 소잉테이프 심지 …… 1팩

아동[no.13] 재료
· 겉감 …… 110cm폭 x 225cm
· 소잉심지 …… 110cm폭 x 90cm
· 1.2cm폭 소잉테이프 심지 …… 1팩
· 1.8cm폭 단추 …… 1개

성인[no.12] 재단배치도
· 지정 이외의 시접은 1cm
· ▨ 부분에 소잉심지를 붙인다
· ▨ 부분에 소잉테이프 심지를 붙인다
· ⌇ 표시된 부분은 지그재그봉제 또는 오버록 처리한다
· 길이가 긴 패턴은 분리하여 수록하였습니다 맞춤점에 맞춰 한 장으로 연결해주세요
· 끈감은 직접 제도하여 사용합니다

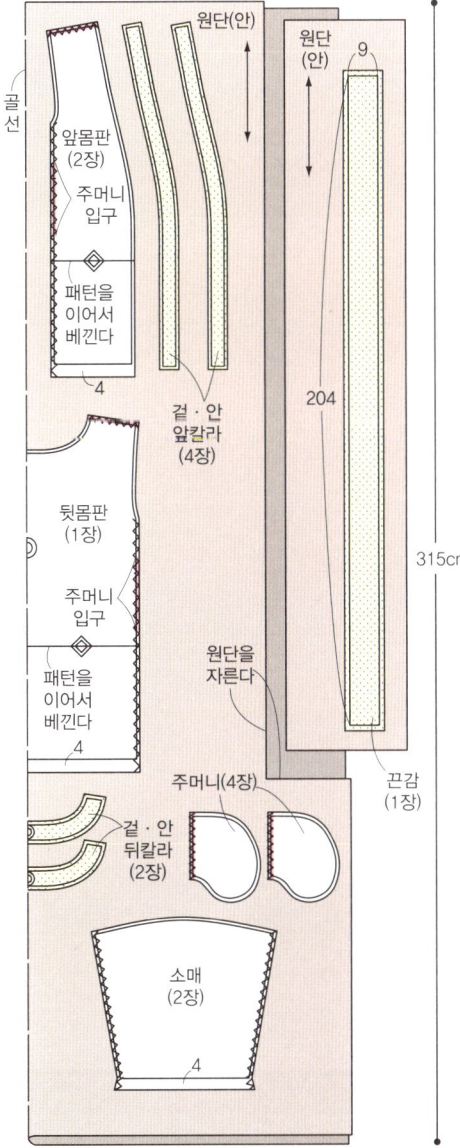

완성 사이즈
※성인/아동 완성 사이즈는 P.89에 있습니다.

만드는 순서

· 성인 [no.12]

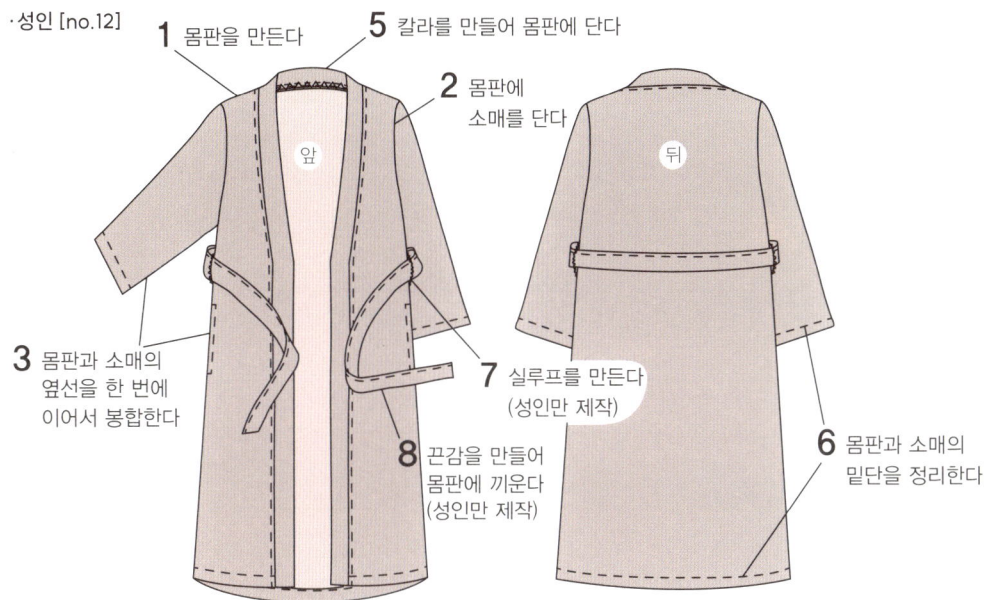

1 몸판을 만든다
2 몸판에 소매를 단다
3 몸판과 소매의 옆선을 한 번에 이어서 봉합한다
5 칼라를 만들어 몸판에 단다
6 몸판과 소매의 밑단을 정리한다
7 실루프를 만든다 (성인만 제작)
8 끈감을 만들어 몸판에 끼운다 (성인만 제작)

· 아동 [no.13]

4 앞칼라에 단춧고리감을 임시고정한다 (아동만 제작)
9 몸판에 단추를 단다 (아동만 제작)

만드는 방법
★치수가 기재되어 있지 않은 곳은 1cm로 봉합합니다.

1 몸판을 만든다

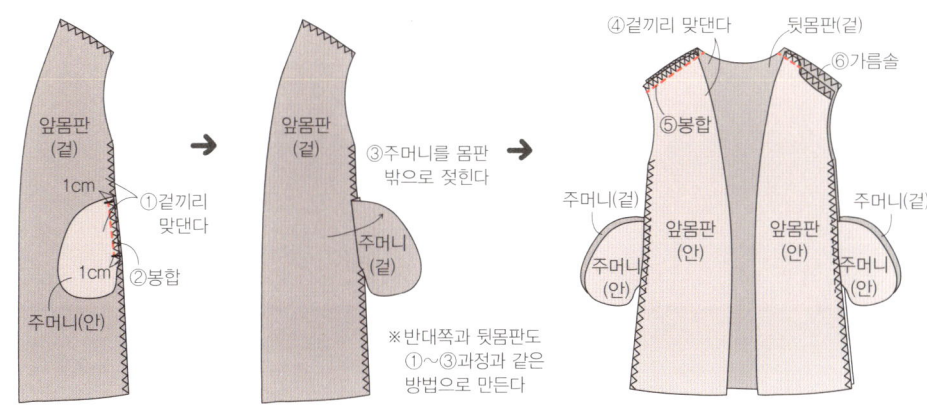

no.12,13 로브 카디건

2 몸판에 소매를 단다

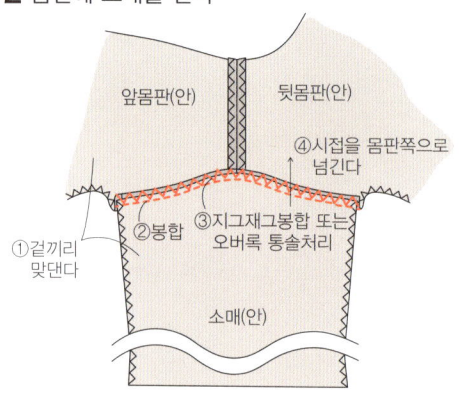

3 몸판과 소매의 옆선을 한 번에 이어서 봉합한다 (P.86 / 4-①~⑦ 참고)

4 앞칼라에 단춧고리감을 임시고정한다 (아동만 제작)

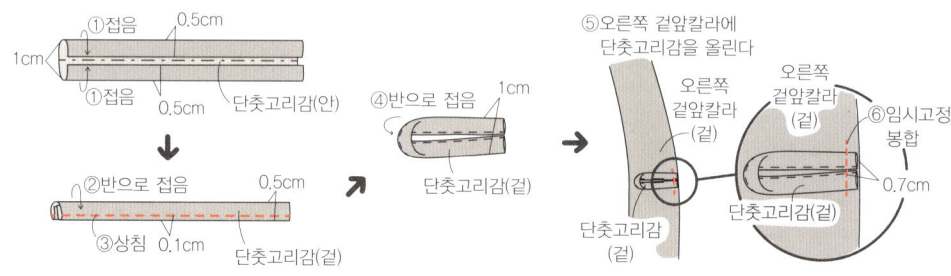

5 칼라를 만들어 몸판에 단다

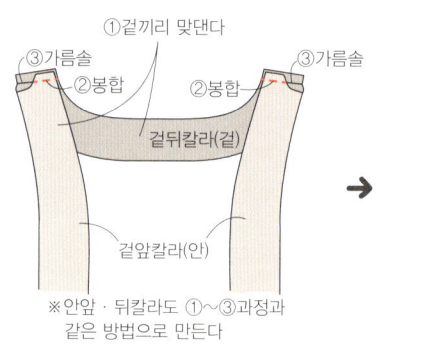

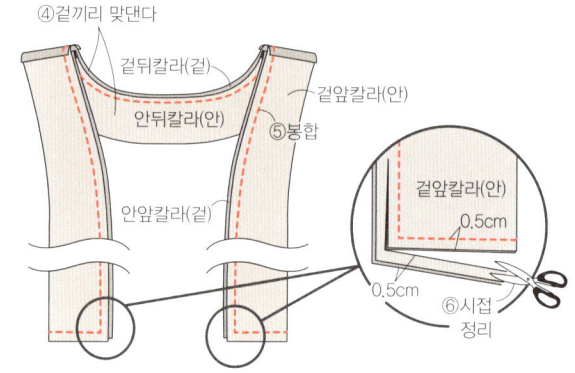

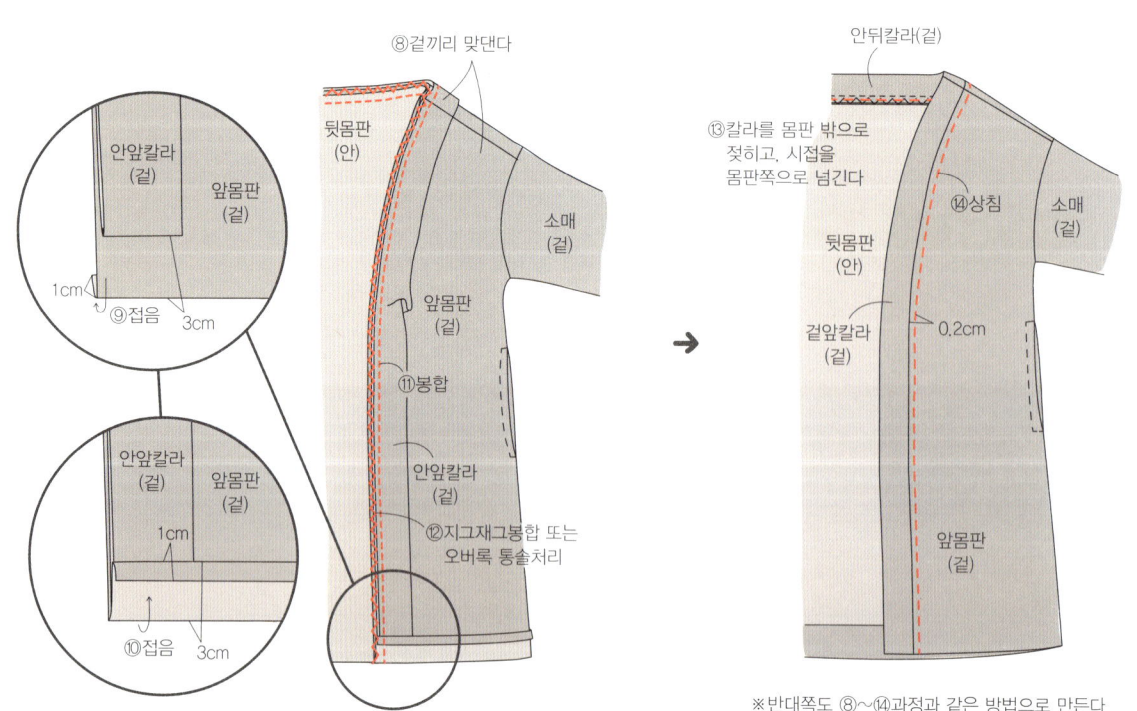

6 몸판과 소매의 밑단을 정리한다

9 몸판에 단추를 단다 (아동만 제작)

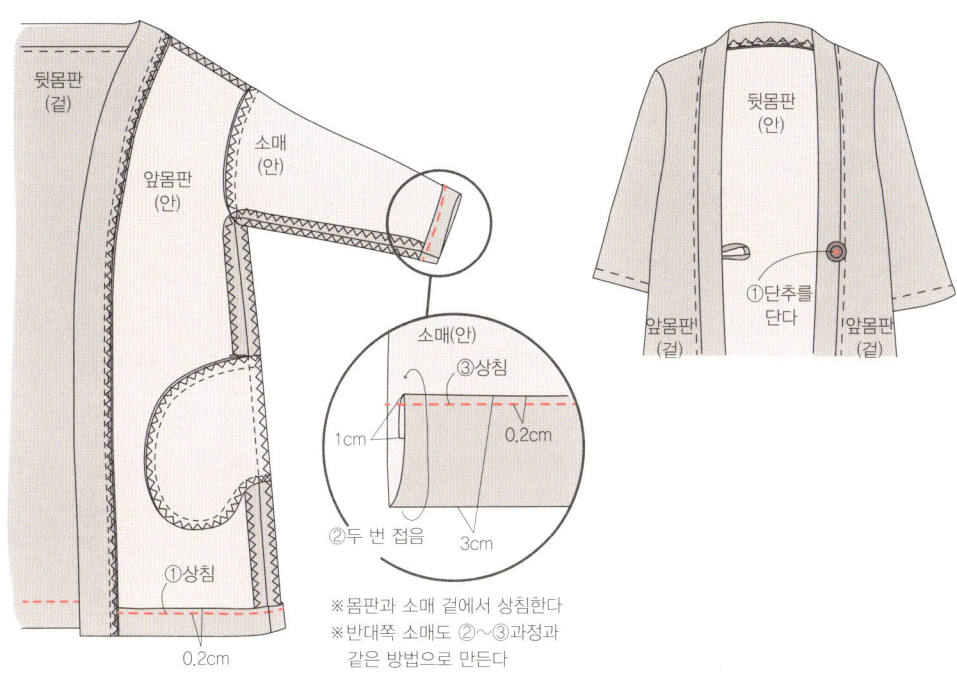

7 실루프를 만든다 (성인만 제작) (P.73 / 7-① 참고)
※ P.69 / 4-10 실루프 만드는 방법 참고
※ 실루프 길이 5.5cm

8 끈감을 만들어 몸판에 끼운다 (성인만 제작) (P.74 / 8-①~⑥ 참고)

· 아동[no.13] 〈단춧고리감 실물크기 패턴〉

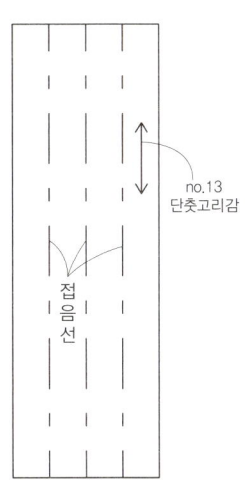

아동[no.13] 재단배치도
· 지정 이외의 시접은 1cm
· ░░ 부분에 소잉심지를 붙인다
· ▓▓ 부분에 소잉테이프 심지를 붙인다
· ∿∿ 표시된 부분은 지그재그봉제 또는 오버록 처리한다

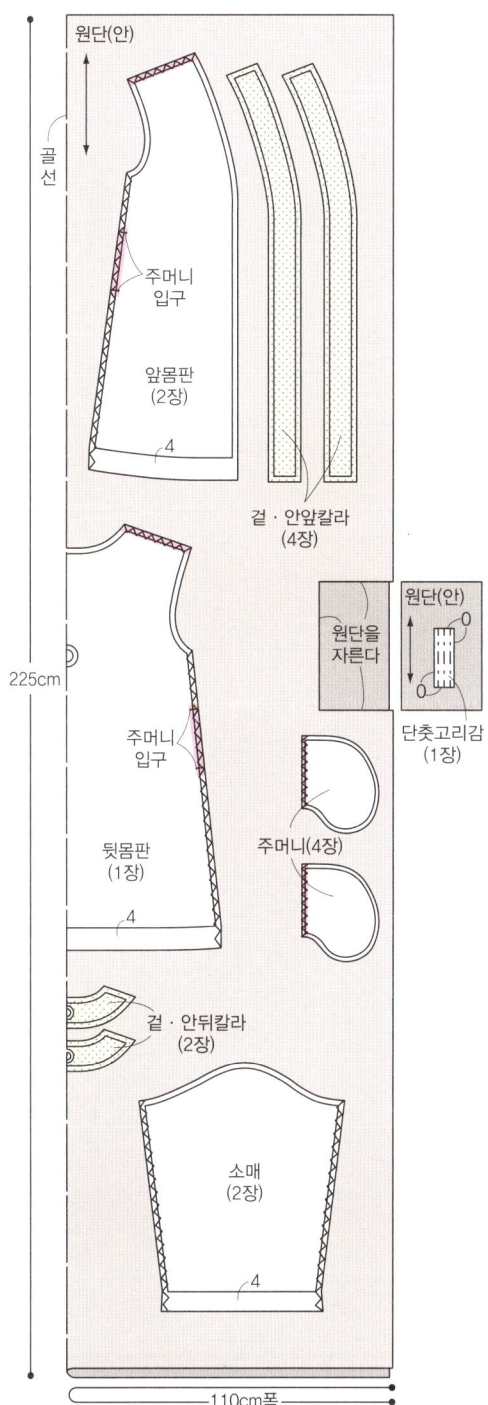

※ no.13(아동) 단춧고리감 실물크기 패턴 P.89 참고

완성 사이즈

성인 [no.12]

사이즈 명칭	55	66	77	88
가슴둘레	110	115	120	125
옷길이	99	101	103	105
소매길이	46.5	47	48	48.5

아동 [no.13]

사이즈 명칭	90	100	110	120	130
가슴둘레	74	78	81	85	89
옷길이	55	59	63	68	73
소매길이	25	28	31	34	37

no.14.15 서스펜더 스커트

▶ 화보 P.25
▶ no.14 Pattern D면 / no.15 Pattern C면

성인[no.14] 재료
- 겉감 …… 110cm폭 x 315cm
- 소잉심지 …… 110cm폭 x 135cm
- 3cm폭 고무줄 …… 1팩
- 1.8cm폭 단추 …… 4개

아동[no.15] 재료
- 겉감 …… 110cm폭 x 225cm
- 소잉심지 …… 110cm폭 x 90cm
- 2cm폭 고무줄 …… 1팩
- 1.8cm폭 단추 …… 2개

완성 사이즈

성인 [no.14]

사이즈 명칭	55	66	77	88
허리둘레	97	102	107	112
스커트길이	59	60	61	62

※허리둘레는 고무줄을 달기 전 사이즈입니다

아동 [no.15]

사이즈 명칭	90	100	110	120	130
허리둘레	58	62	66	70	74
스커트길이	27	29	31	34	37

※허리둘레는 고무줄을 달기 전 사이즈입니다

성인[no.14] 재단배치도
- 지정 이외의 시접은 1cm
- ▨ 부분에 소잉심지를 붙인다
- ∿ 표시된 부분은 지그재그봉제 또는 오버록 처리한다

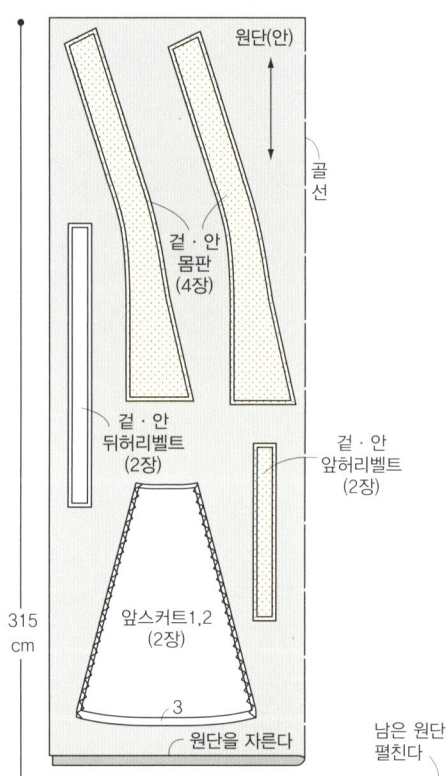
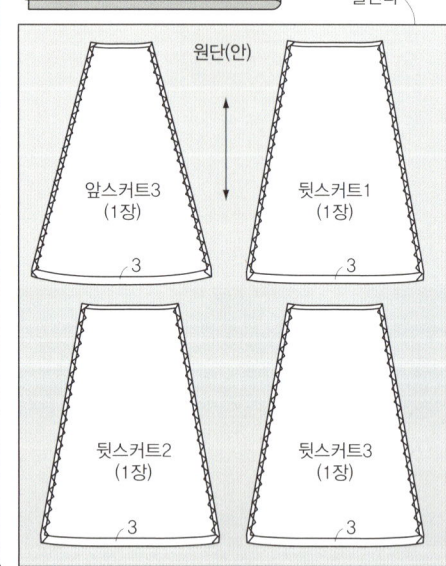

※no.15(아동) 재단배치도는 P.92에 있습니다.

만드는 순서

· 성인 [no.14]

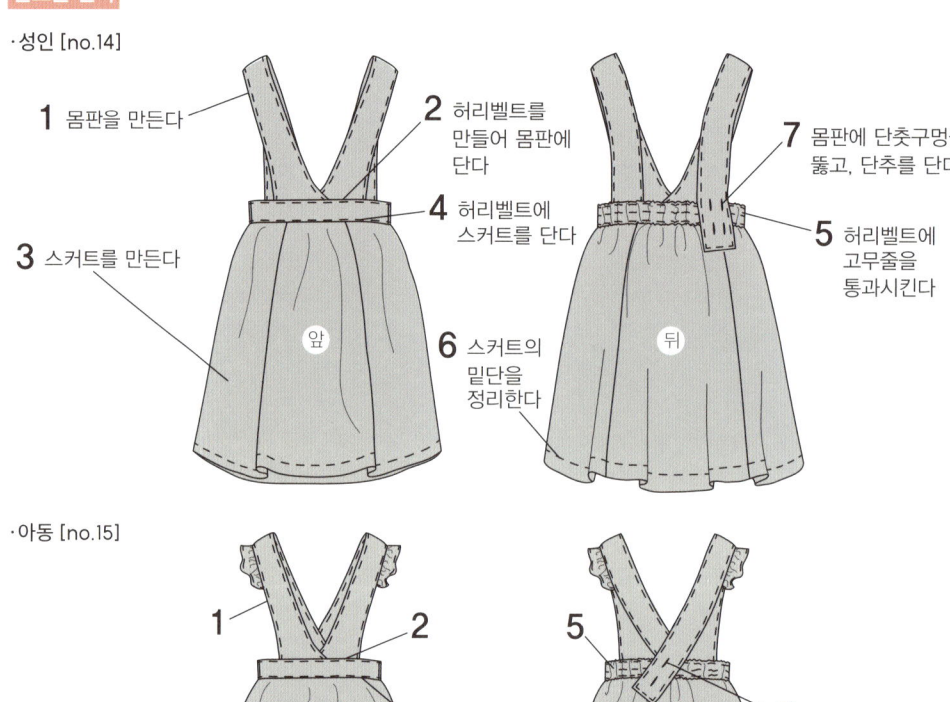

1 몸판을 만든다
2 허리벨트를 만들어 몸판에 단다
3 스커트를 만든다
4 허리벨트에 스커트를 단다
5 허리벨트에 고무줄을 통과시킨다
6 스커트의 밑단을 정리한다
7 몸판에 단춧구멍을 뚫고, 단추를 단다

· 아동 [no.15]

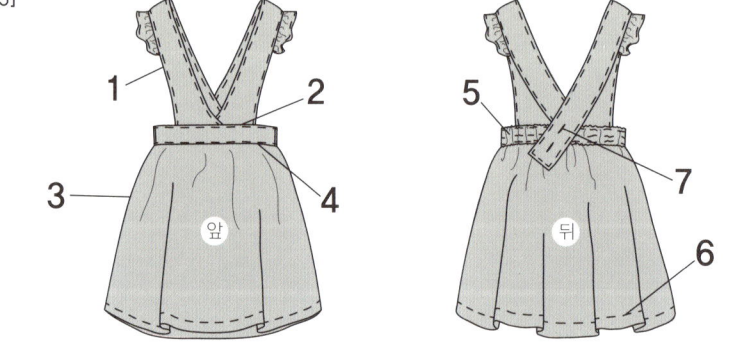

만드는 방법

★치수가 기재되어 있지 않은 곳은 1cm로 봉합합니다.

1 몸판을 만든다 (성인)

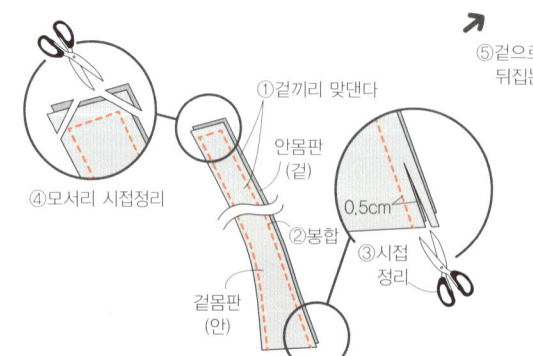
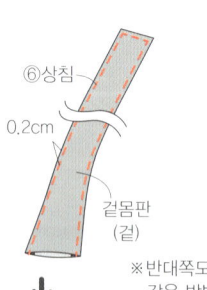
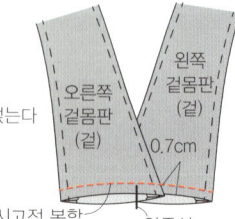

※반대쪽도 ①~⑥과정과 같은 방법으로 만든다

1 몸판을 만든다 (아동)

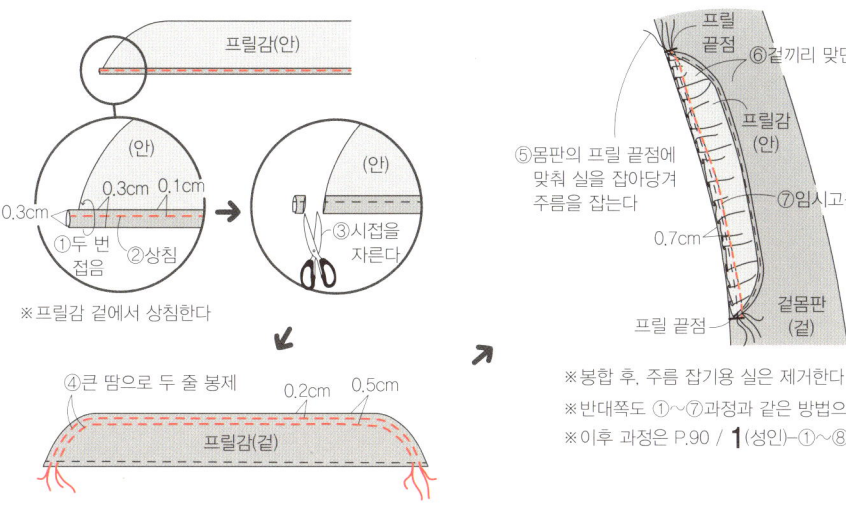

2 허리벨트를 만들어 몸판에 단다

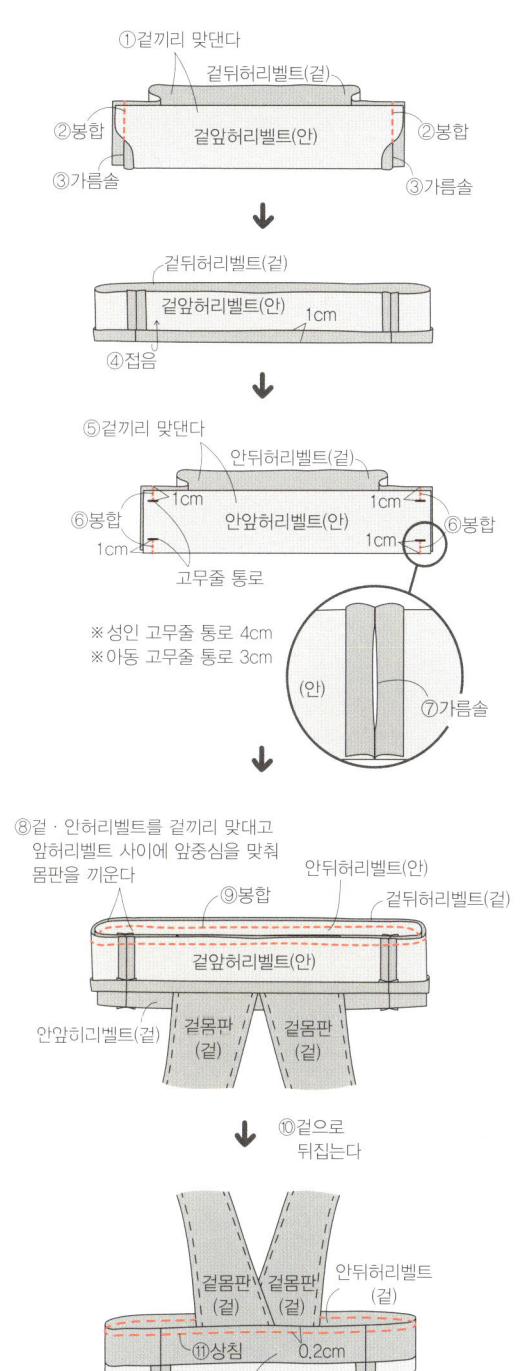

3 스커트를 만든다 (성인)

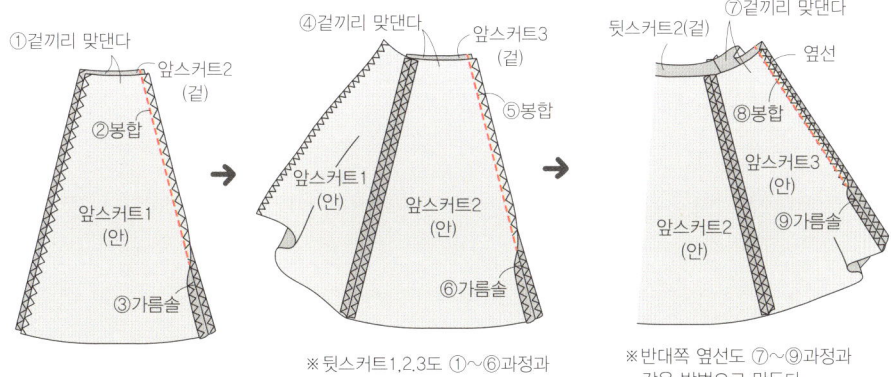

3 스커트를 만든다 (아동)

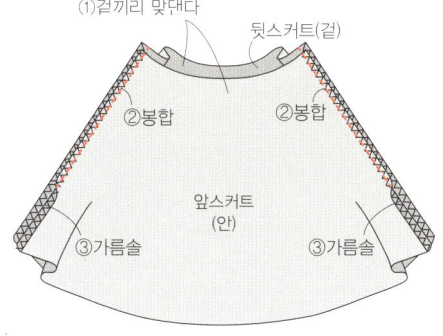

※ 4~6과정은 성인 패턴을 기준으로 설명합니다 (제작 방법은 성인, 아동 모두 같습니다)

4 허리벨트에 스커트를 단다

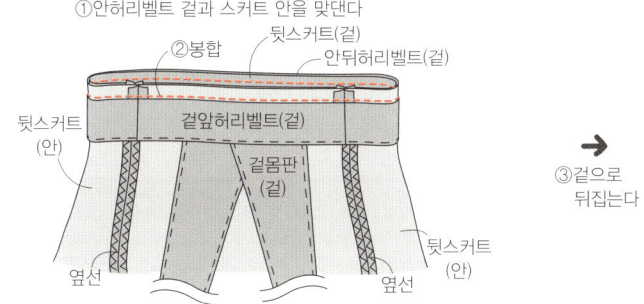

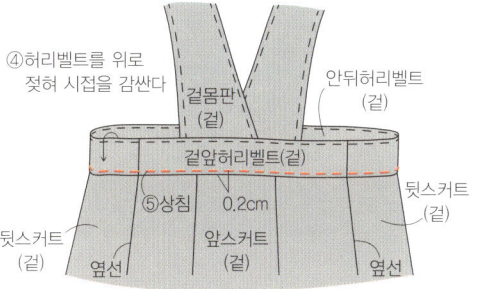

5 허리벨트에 고무줄을 통과시킨다

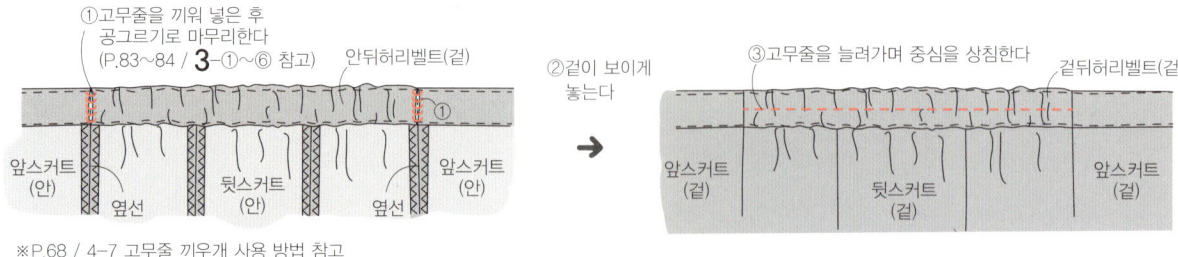

※ P.68 / 4-7 고무줄 끼우개 사용 방법 참고
※ 성인 고무줄 길이 – 55:34cm / 66:36cm / 77:38cm / 88:40cm
※ 아동 고무줄 길이 – 90:26cm / 100:28cm / 110:30cm / 120:32cm / 130:34cm

6 스커트의 밑단을 정리한다 (P.77 / 5-①~② 참고)

7 몸판에 단춧구멍을 뚫고, 단추를 단다

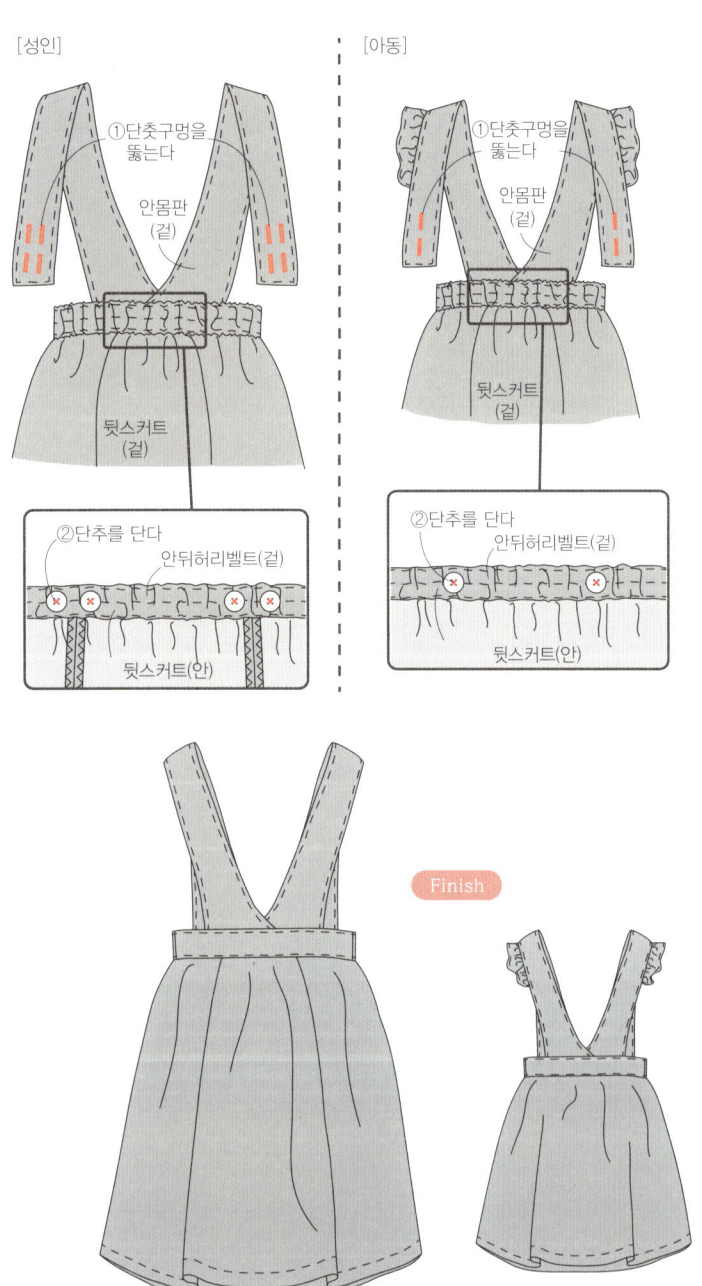

아동[no.15] 재단배치도

- 지정 이외의 시접은 1cm
- ▦ 부분에 소잉심지를 붙인다
- ∿ 표시된 부분은 지그재그봉제 또는 오버록 처리한다

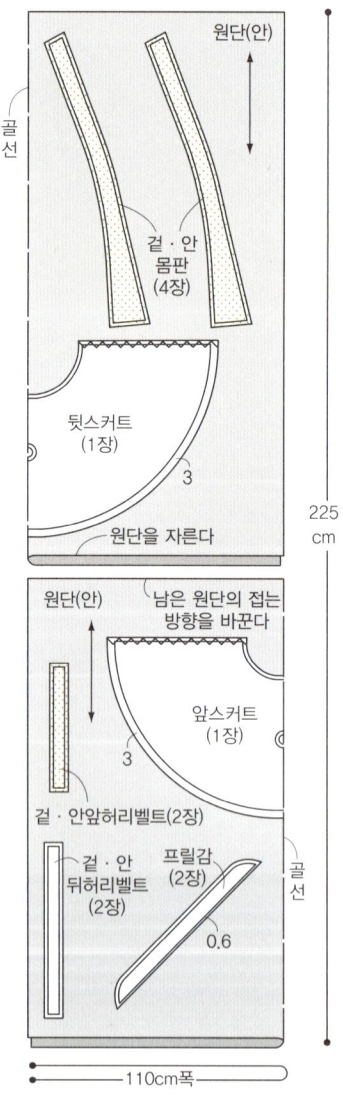

no.16, 17 프릴넥 블라우스

▶ 화보 P.26
▶ no.16 Pattern C면 / no.17 Pattern D면

성인[no.16] 재료
- 겉감 …… 110cm폭 x 270cm
- 소잉심지 …… 50cm폭 x 30cm
- 1.2cm폭 소잉테이프 심지 …… 1팩
- 1.3cm폭 단추 …… 1개
- 1.1cm폭 장식용 단추 …… 2개
- 단춧구멍 테이프 …… 1개

아동[no.17] 재료
- 겉감 …… 110cm폭 x 180cm
- 소잉심지 …… 50cm폭 x 20cm
- 1.2cm폭 소잉테이프 심지 …… 1팩
- 1.3cm폭 단추 …… 1개
- 1.1cm폭 장식용 단추 …… 2개
- 단춧구멍 테이프 …… 1개

완성 사이즈

성인 [no.16]

사이즈 명칭	55	66	77	88
가슴둘레	115	120	125	130
옷길이	68	70	72	74
소매길이	55	56.5	58	59.5

아동 [no.17]

사이즈 명칭	90	100	110	120	130
가슴둘레	83	86	90	94	98
옷길이	40	44	48	52	56
소매길이	32	33	34	35	36

성인[no.16] 재단배치도
- 지정 이외의 시접은 1cm
- ▨ 부분에 소잉심지를 붙인다
- ▨ 부분에 소잉테이프 심지를 붙인다
- 〰 표시된 부분은 지그재그봉제 또는 오버룩 처리한다

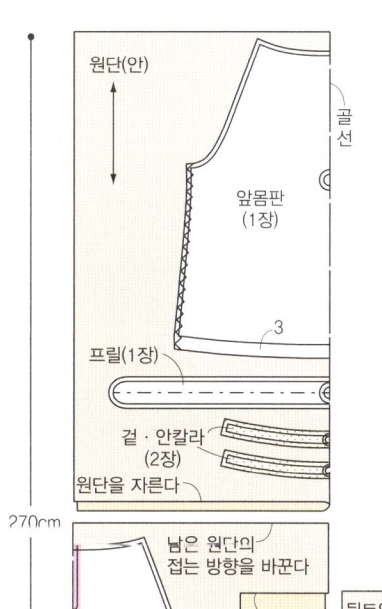

※ no.17(아동) 재단배치도는 P.95에 있습니다.

만드는 순서
- 성인 [no.16]
- 아동 [no.17]

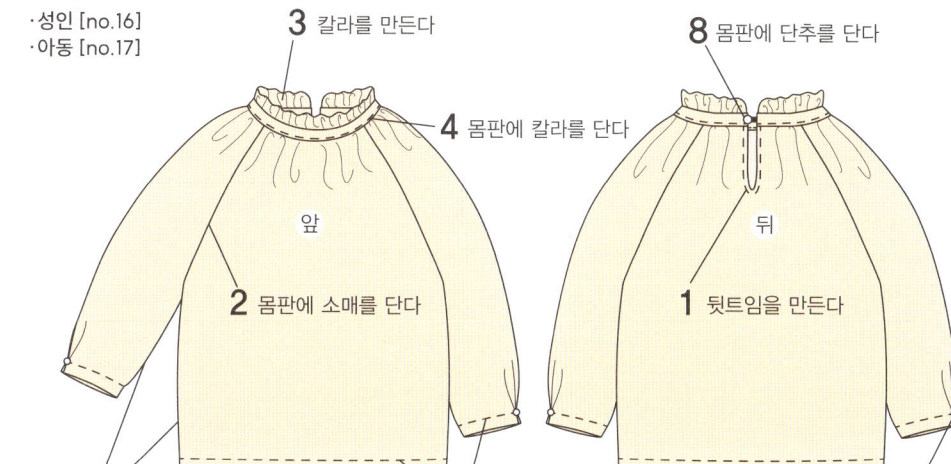

1. 뒷트임을 만든다
2. 몸판에 소매를 단다
3. 칼라를 만든다
4. 몸판에 칼라를 단다
5. 몸판과 소매의 옆선을 한 번에 이어서 봉합한다
6. 몸판과 소매의 밑단을 정리한다
7. 소매에 장식단추를 단다
8. 몸판에 단추를 단다

만드는 방법
★ 치수가 기재되어 있지 않은 곳은 1cm로 봉합합니다.

1 뒷트임을 만든다

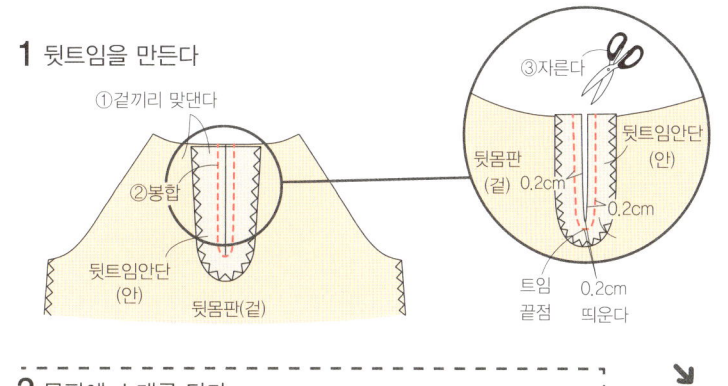

2 몸판에 소매를 단다

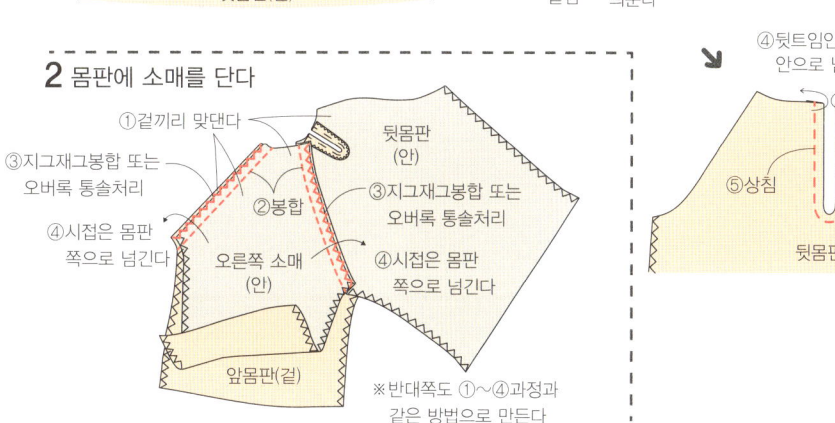

3 칼라를 만든다

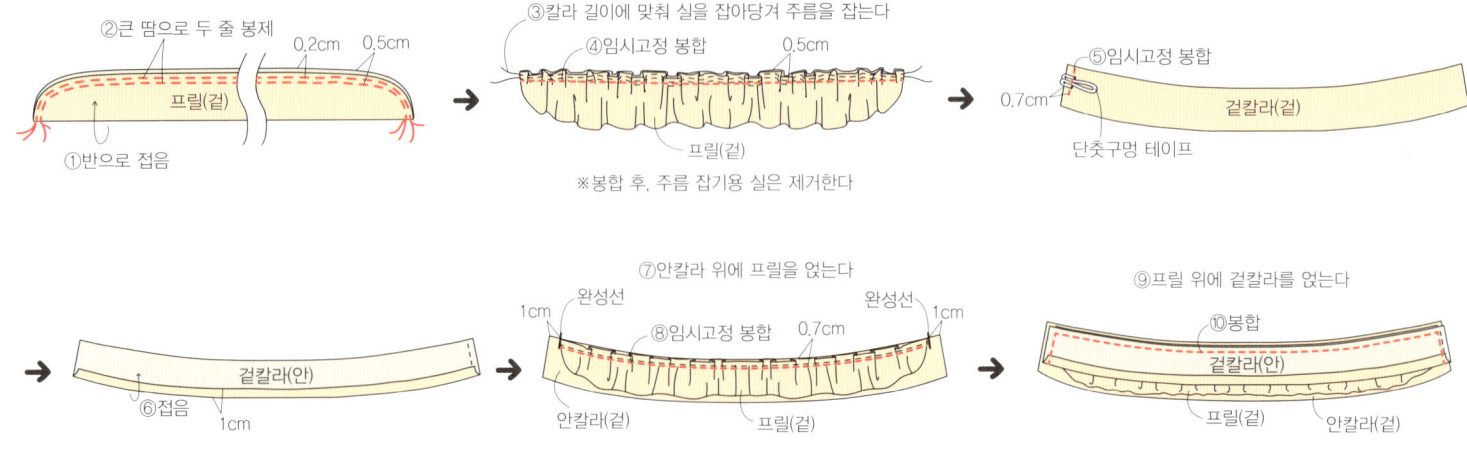

4 몸판에 칼라를 단다

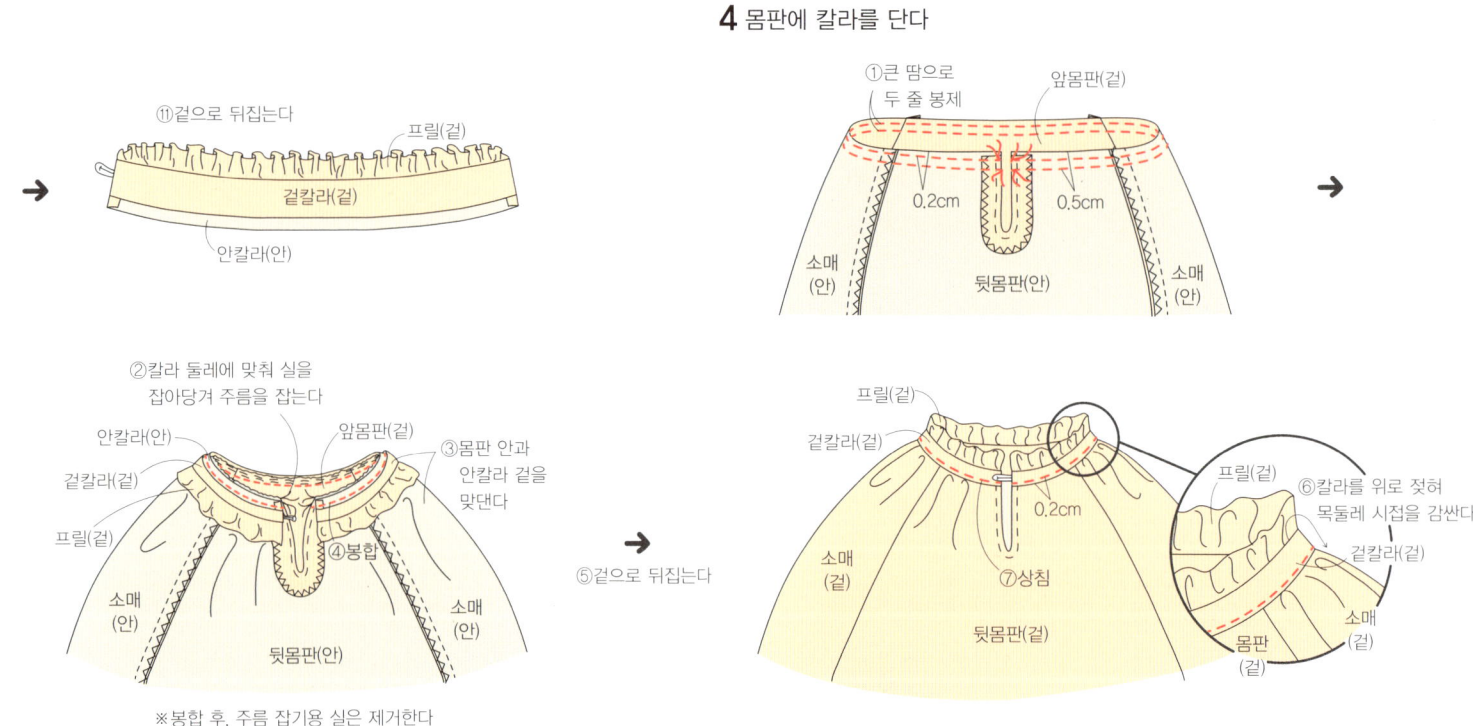

5 몸판과 소매의 옆선을 한 번에 이어서 봉합한다

6 몸판과 소매의 밑단을 정리한다 (P.77 / 5-①~④ 참고)

7 소매에 장식단추를 단다

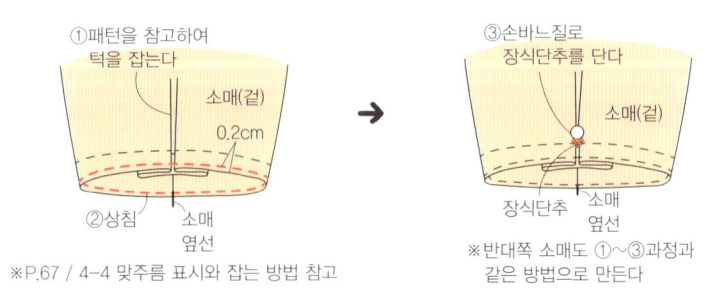

8 몸판에 단추를 단다

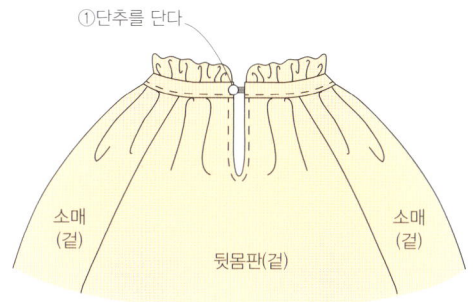

아동[no.17] 재단배치도

· 지정 이외의 시접은 1cm
· ▨ 부분에 소잉심지를 붙인다
· ▨ 부분에 소잉테이프 심지를 붙인다
· ⌇ 표시된 부분은 지그재그봉제 또는 오버록 처리한다

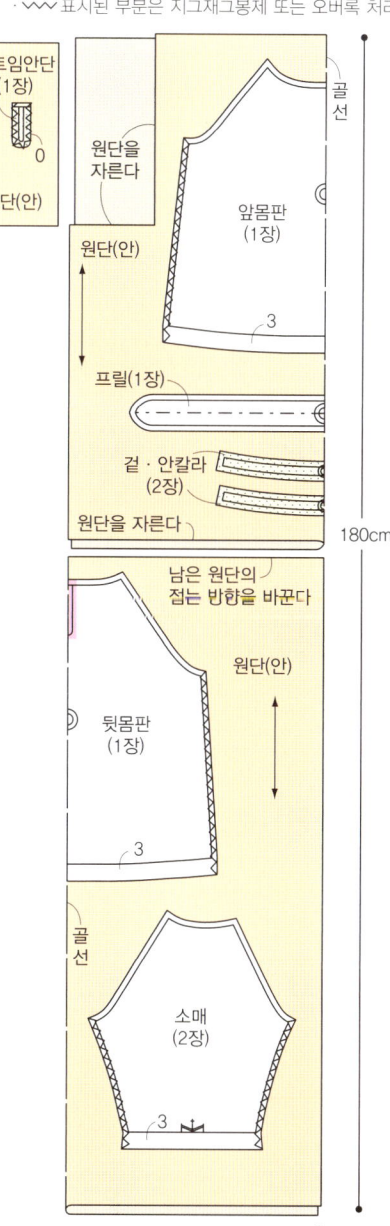

no.18. 19 프릴넥 원피스

▶ 화보 P.28
▶ no.18 Pattern C면 / no.19 Pattern D면

성인[no.18] 재료
- 겉감 ······ 150cm폭 x 360cm
- 소잉심지 ······ 15cm폭 x 20cm
- 1.2cm폭 소잉테이프 심지 ······ 1팩
- 1.1cm폭 장식 단추 ······ 2개
- 0.8cm폭 고무줄 ······ 1팩

아동[no.19] 재료
- 겉감 ······ 110cm폭 x 225cm
- 소잉심지 ······ 10cm폭 x 15cm
- 1.2cm폭 소잉테이프 심지 ······ 1팩
- 1cm폭 고무줄 ······ 1팩
- 0.8cm폭 고무줄 ······ 1팩
- 단춧구멍 테이프 ······ 1개

완성 사이즈

성인 [no.18]

명칭\사이즈	55	66	77	88
가슴둘레	115	120	125	130
옷길이	115	117	119	121
소매길이	59	61	63	65

아동 [no.19]

명칭\사이즈	90	100	110	120	130
가슴둘레	83	86	90	94	98
옷길이	60	64	68	72	76
소매길이	34	35.5	37	38.5	40

성인[no.18] 재단배치도
- 지정 이외의 시접은 1cm
- ▨ 부분에 소잉심지를 붙인다
- ▨ 부분에 소잉테이프 심지를 붙인다
- ∿ 표시된 부분은 지그재그봉제 또는 오버록 처리한다
- 길이가 긴 패턴은 분리하여 수록하였습니다 맞춤점에 맞춰 한 장으로 연결해주세요
- 끈감과 바이어스천은 직접 제도하여 사용합니다
- 위에서부터 55/66/77/88 사이즈

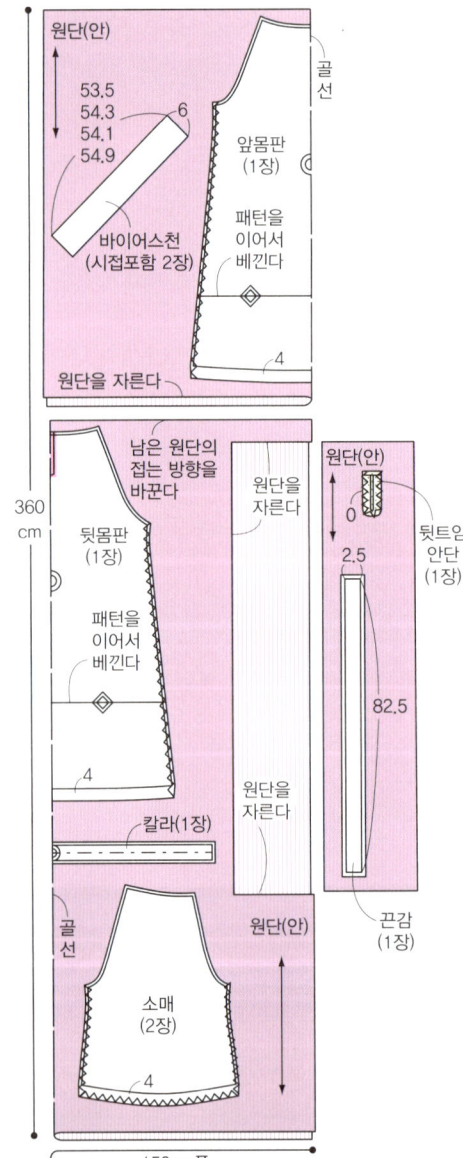

※no.19(아동) 재단배치도는 P.98에 있습니다.

만드는 순서
· 성인 [no.18]

1. 뒷트임을 만든다
2. 몸판에 소매를 단다
3. 칼라를 만든다
4. 몸판에 칼라를 달고, 바이어스 처리한다
5. 몸판과 소매의 옆선을 한 번에 이어서 봉합한다
6. 몸판과 소매의 밑단을 정리한다
7. 끈감을 만들어 몸판에 끼운다

· 아동 [no.19]

1. 뒷트임을 만든다
2. 몸판에 소매를 단다
3. 칼라를 만든다
4.
5.
6.
7. 몸판의 목둘레에 고무줄을 끼운다
8. 몸판에 단추를 단다

만드는 방법
★치수가 기재되어 있지 않은 곳은 1cm로 봉합합니다.

1 뒷트임을 만든다

※아동만 단춧구멍 테이프를 단다

뒤중심 / 뒷몸판(겉) / ①고정 봉합 / 단춧구멍 테이프

※이후 과정 P.93 / 1-①~⑤참고
(성인/아동 동일)

2 몸판에 소매를 단다 (P.93 / 2-①~④ 참고)

3 칼라를 만든다

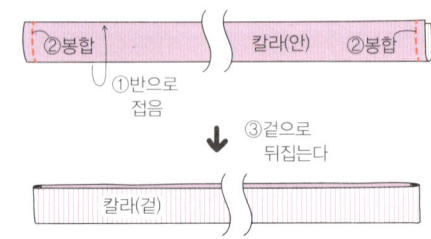

①반으로 접음
②봉합
칼라(안)
③겉으로 뒤집는다
칼라(겉)

4 몸판에 칼라를 달고, 바이어스 처리한다

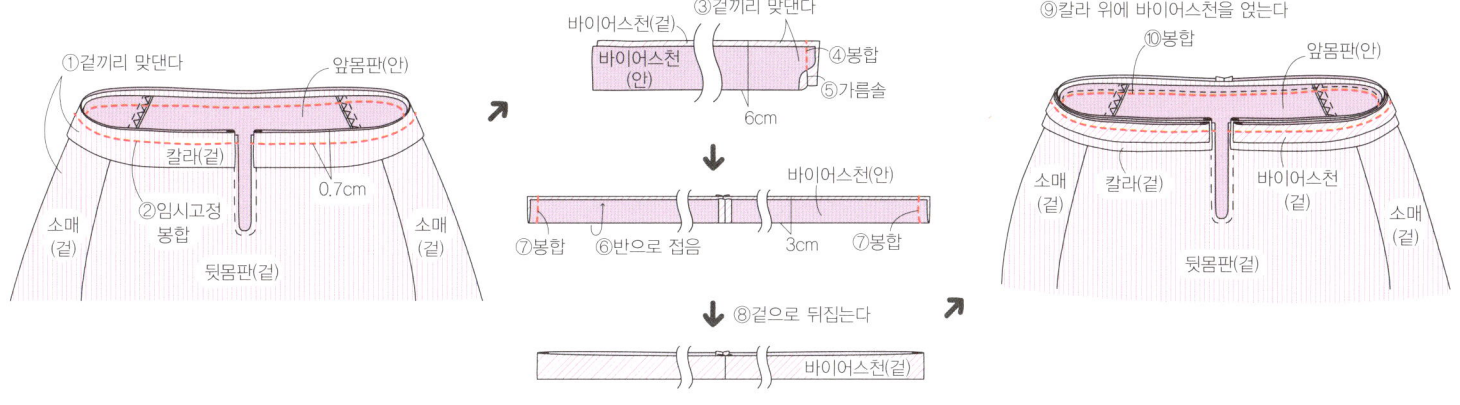

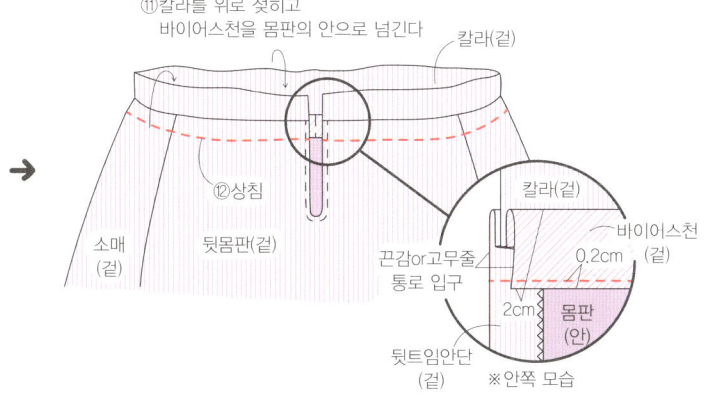

5 몸판과 소매의 옆선을 한 번에 이어서 봉합한다

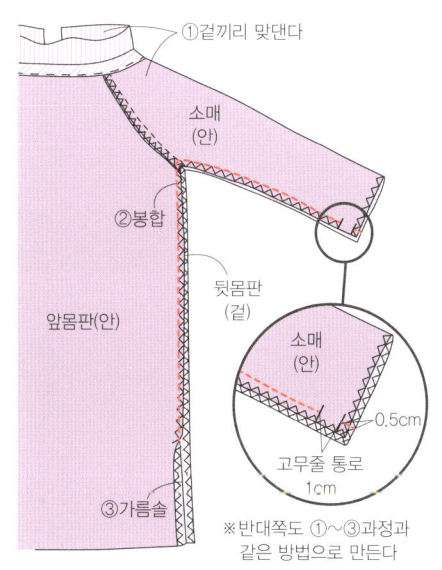

6 몸판과 소매의 밑단을 정리한다

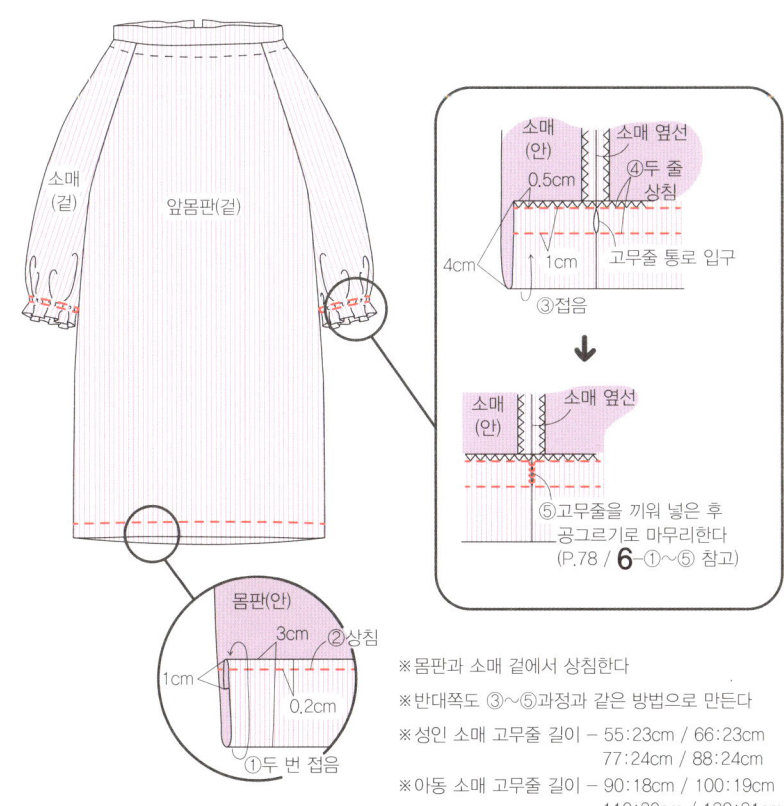

※ 몸판과 소매 겉에서 상침한다
※ 반대쪽도 ③~⑤과정과 같은 방법으로 만든다
※ 성인 소매 고무줄 길이 – 55:23cm / 66:23cm
　　　　　　　　　　　　77:24cm / 88:24cm
※ 아동 소매 고무줄 길이 – 90:18cm / 100:19cm
　　　　　　　　　　　　110:20cm / 120:21cm
　　　　　　　　　　　　130:22cm

7 끈감을 만들어 몸판에 끼운다 (성인)

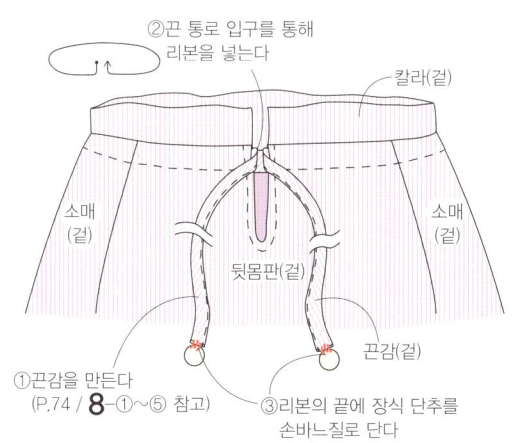

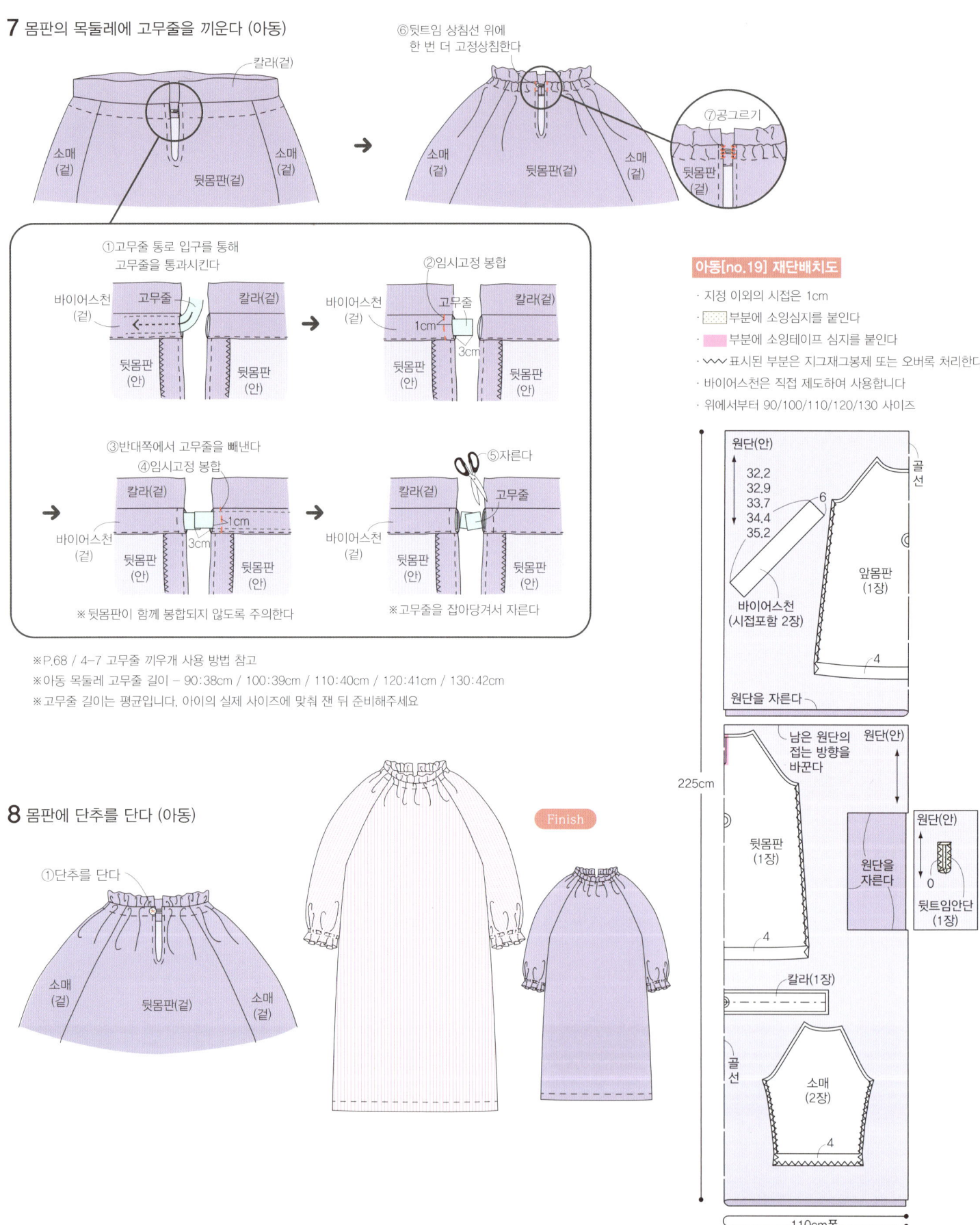

no.20 더블 버튼 원피스(성인)

▶화보 P.30
▶no.20 Pattern B면

성인[no.20] 재료 ※재료는 P.101에 있습니다.

완성 사이즈 ※완성 사이즈는 P.101에 있습니다.

성인[no.20] 재단배치도

- 지정 이외의 시접은 1cm
- ▨ 부분에 소잉심지를 붙인다
- ▨ 부분에 소잉테이프 심지를 붙인다
- ∿ 표시된 부분은 지그재그봉제 또는 오버록 처리한다
- 앞·뒤스커트는 직접 제도하여 사용합니다
- 위에서부터 55/66/77/88 사이즈

만드는 순서

· 성인 [no.20]

1 몸판의 어깨를 봉합한다
2 몸판에 안칼라를 단다
3 앞안단에 겉칼라를 단다
4 몸판에 안단을 단다
5 칼라를 정리하고, 몸판에 단춧구멍을 뚫고, 단추를 단다
6 몸판에 소매를 단다
7 몸판과 소매의 옆선을 한 번에 이어서 봉합한다
8 스커트를 만든다
9 몸판에 스커트를 단다
10 소매와 스커트의 밑단을 정리한다

만드는 방법

★치수가 기재되어 있지 않은 곳은 1cm로 봉합합니다.

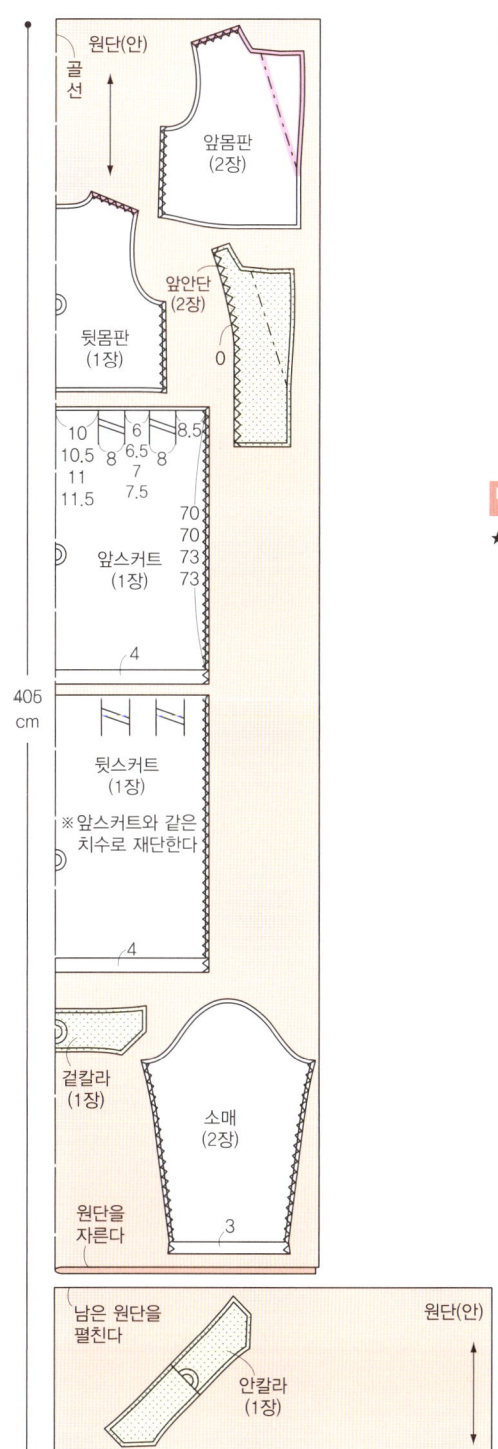

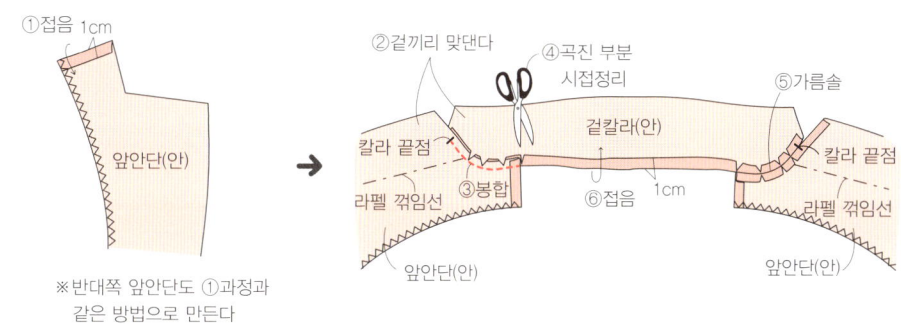

99

4 몸판에 안단을 단다

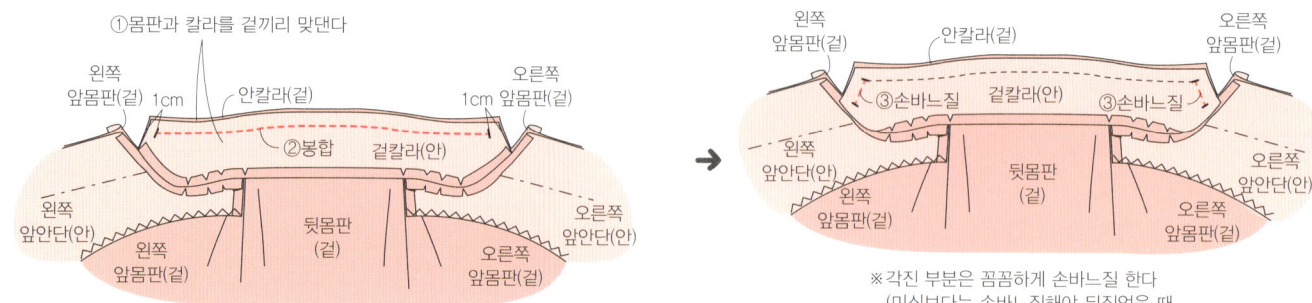

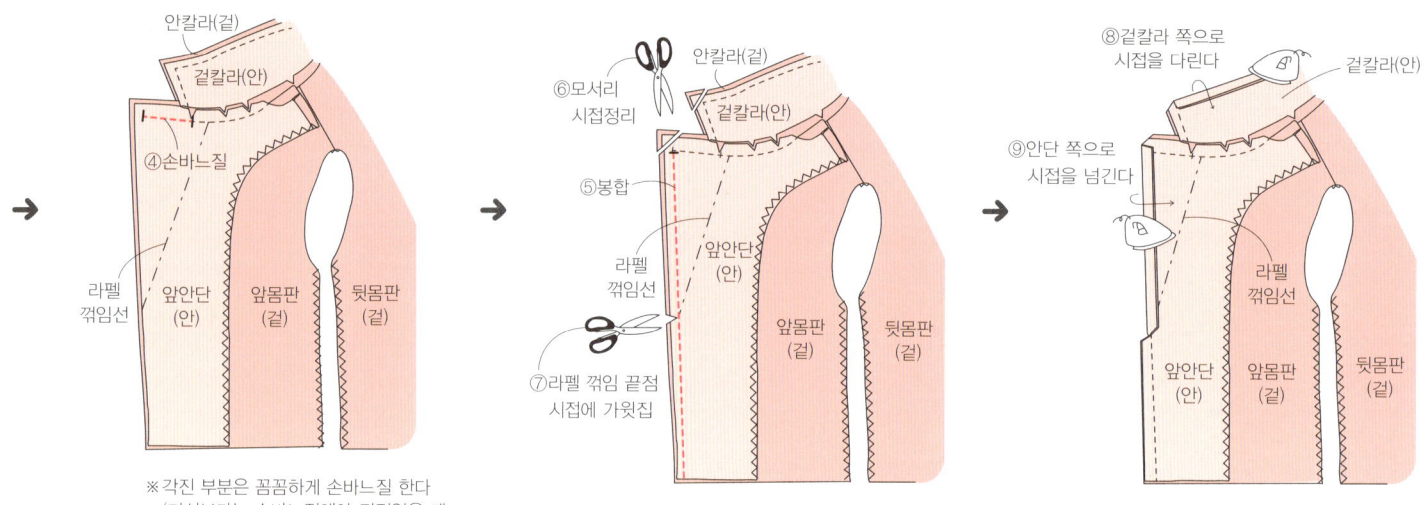

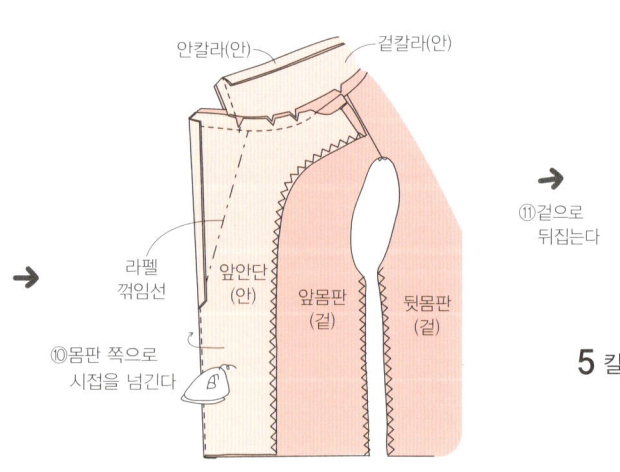

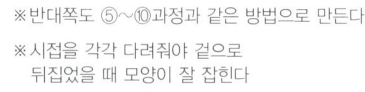

※반대쪽도 ⑤~⑩과정과 같은 방법으로 만든다
※시접을 각각 다려줘야 겉으로 뒤집었을 때 모양이 잘 잡힌다

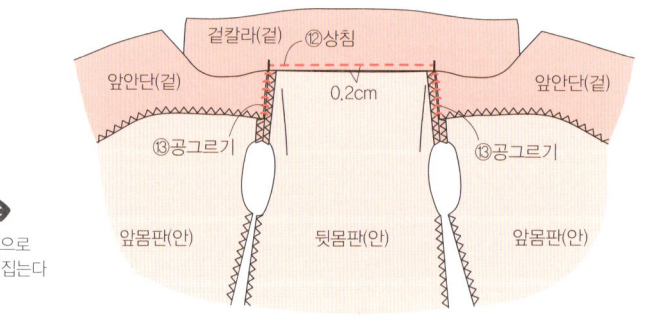

5 칼라를 정리하고, 몸판에 단춧구멍을 뚫고, 단추를 단다

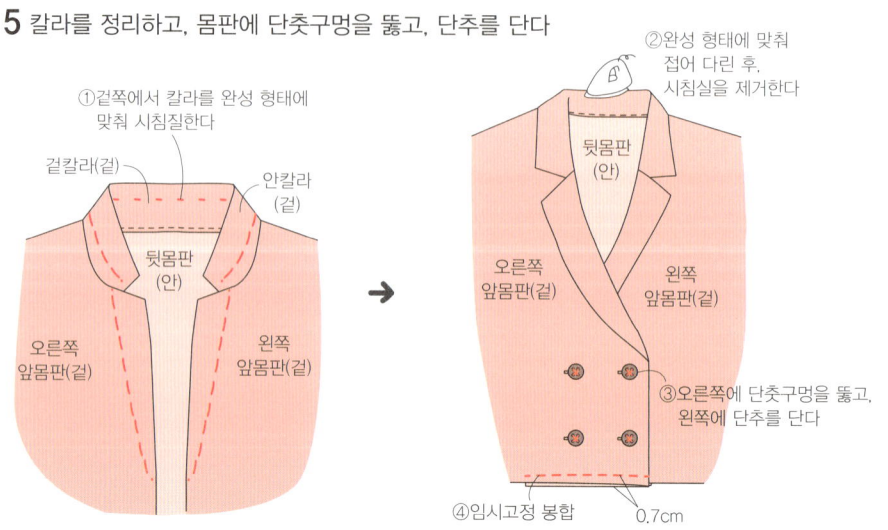

6 몸판에 소매를 단다

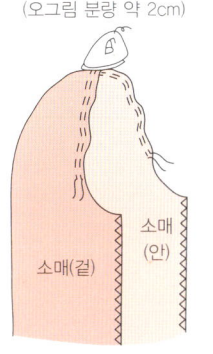

7 몸판과 소매의 옆선을 한 번에 이어서 봉합한다 (P.94 / **5**-①~③ 참고)

8 스커트를 만든다

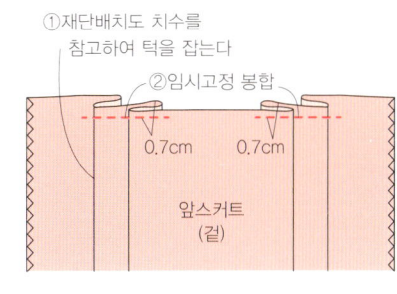

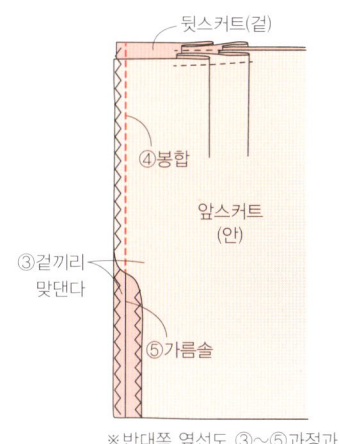

9 몸판에 스커트를 단다

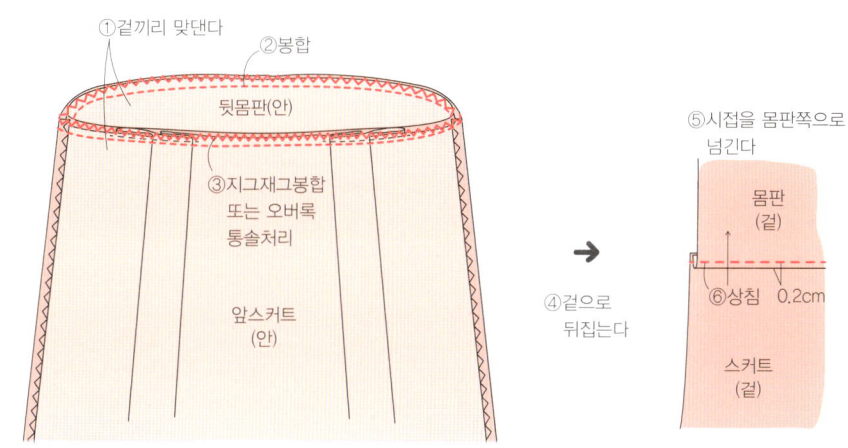

10 소매와 스커트의 밑단을 정리한다

※ 소매 밑단 : (P.77 / **5**-③~④ 참고)
※ 스커트 밑단 : (P.84 / **4**-①~② 참고)

Finish

성인[no.20] 재료

- 겉감 …… 110cm폭 x 405cm
- 소잉심지 …… 110cm폭 x 90cm
- 1.2cm폭 소잉테이프 심지 …… 1팩
- 2.1cm폭 단추 …… 4개

완성 사이즈

성인 [no.20]

사이즈 명칭	55	66	77	88
가슴둘레	97	100	106	112
옷길이	115	116	117	118
소매길이	57	58	59	60

no.21 더블 버튼 원피스(아동)

▶화보 P.30
▶no.21 Pattern C면

아동[no.21] 재료

- 겉감1 …… 110cm폭 x 180cm
- 겉감2 …… 110cm폭 x 25cm
- 소잉심지 …… 110cm폭 x 45cm
- 1.2cm폭 소잉테이프 심지 …… 1팩
- 1cm(완성폭) 바이어스테이프 …… 1팩
- 1cm폭 소프트테이프 …… 1팩
- 1.3cm폭 단추 …… 6개

완성 사이즈

아동 [no.21]

사이즈 명칭	90	100	110	120	130
가슴둘레	61	65	69	73	77
옷길이	56.5	60.5	64.5	68.5	72.5
소매길이	23	26	29	33	37

아동[no.21] 재단배치도

- 지정 이외의 시접은 1cm
- ▓ 부분에 소잉심지를 붙인다
- ▨ 부분에 소잉테이프 심지를 붙인다
- ∿ 표시된 부분은 지그재그봉제 또는 오버록 처리한다

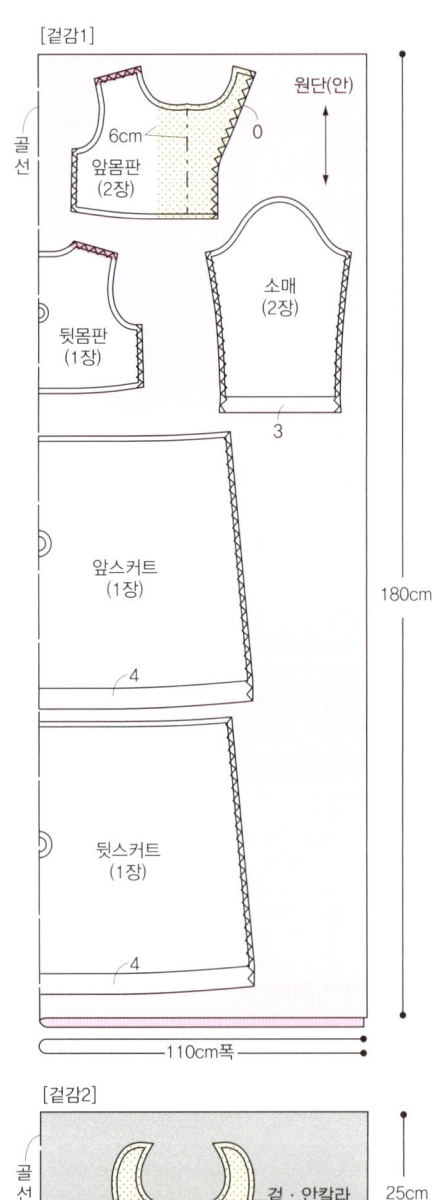

만드는 순서

· 아동 [no.21]

1 몸판의 어깨를 봉합한다
2 칼라를 만든다
3 몸판에 칼라와 안단을 단다
4 몸판에 단춧구멍을 뚫고, 단추를 단다
5 소매를 만들어 몸판에 단다
6 몸판과 소매의 옆선을 한 번에 이어서 봉합한다
7 스커트를 만든다
8 몸판에 스커트를 단다
9 소매와 스커트의 밑단을 정리한다

만드는 방법
★치수가 기재되어 있지 않은 곳은 1cm로 봉합합니다.

1 몸판의 어깨를 봉합한다 (P.99 / 1-①~③ 참고)

2 칼라를 만든다

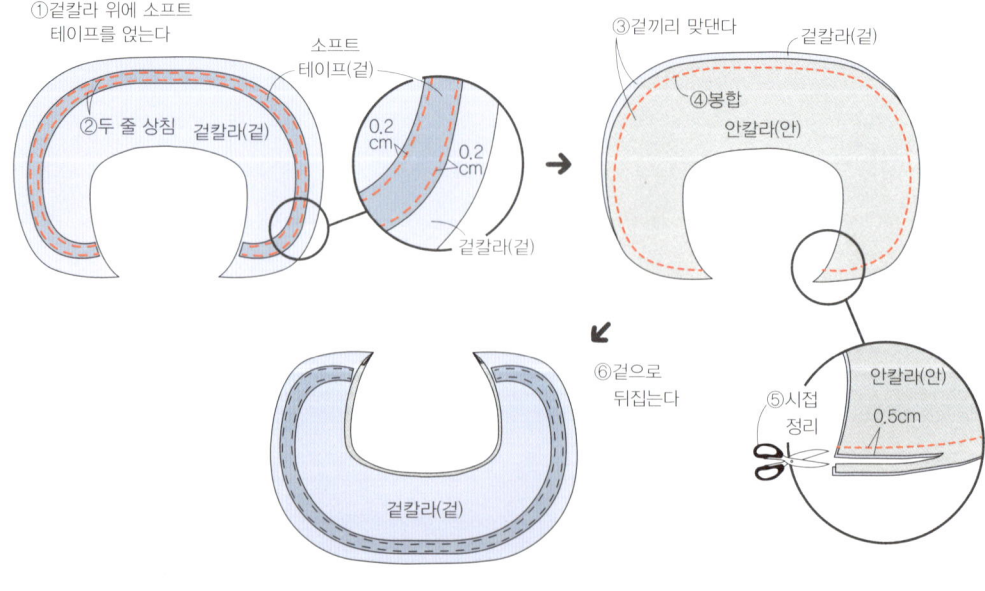

3 몸판에 칼라와 안단을 단다

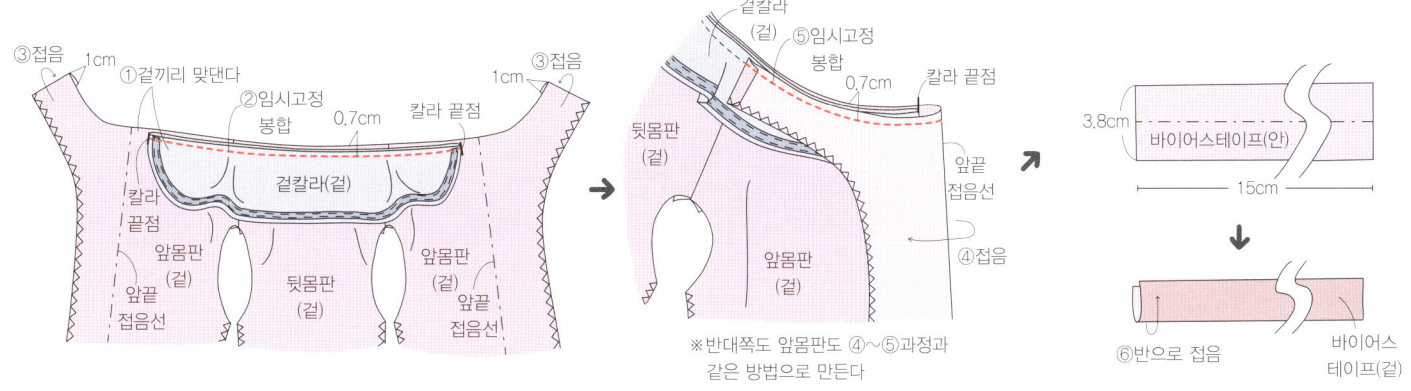

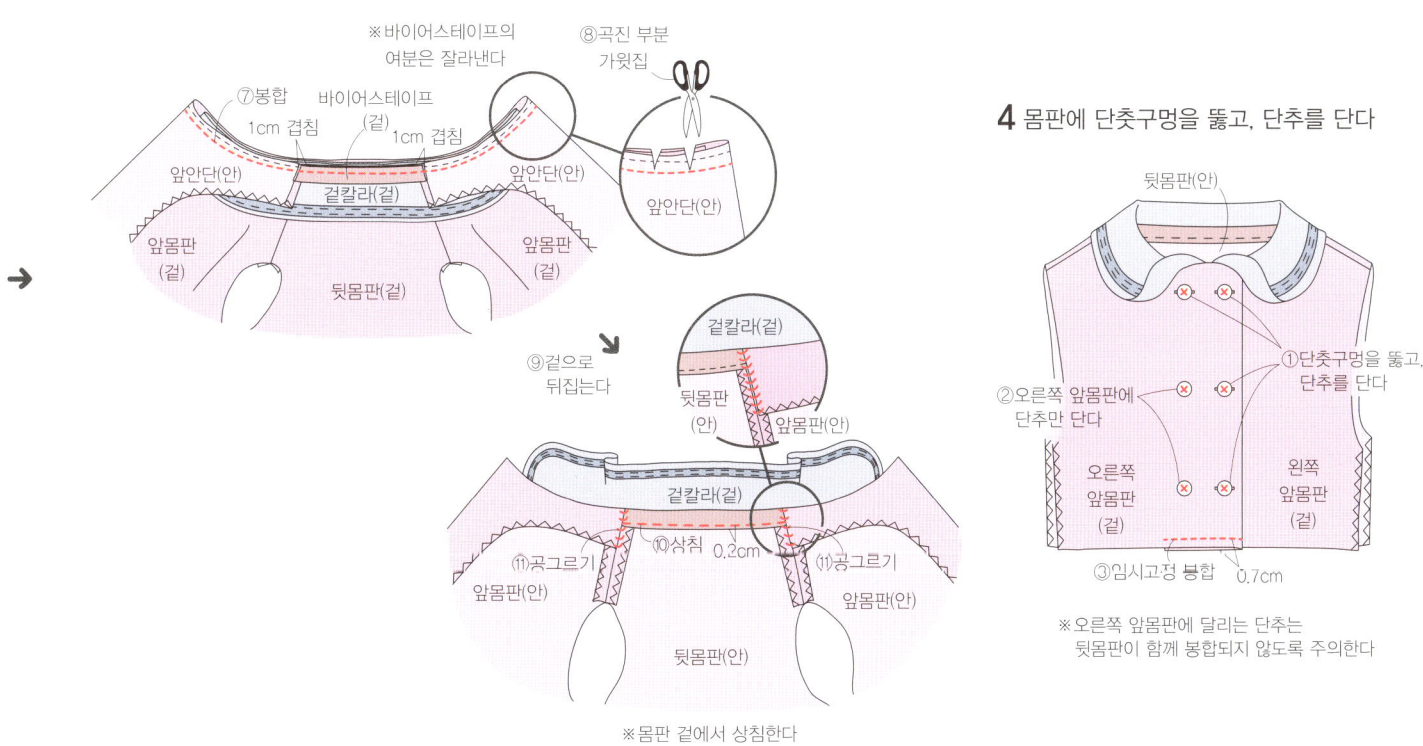

4 몸판에 단춧구멍을 뚫고, 단추를 단다

5 소매를 만들어 몸판에 단다

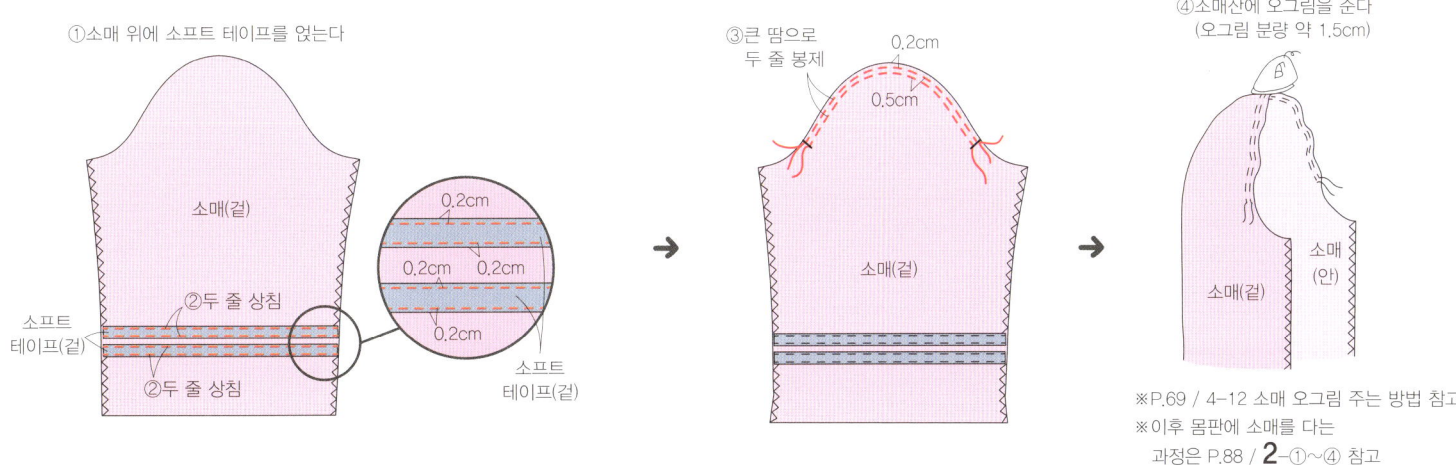

※P.69 / 4-12 소매 오그림 주는 방법 참고
※이후 몸판에 소매를 다는
과정은 P.88 / **2**-①~④ 참고

6 몸판과 소매의 옆선을 한 번에 이어서 봉합한다 (P.94 / **5**-①~③ 참고)

7 스커트를 만든다

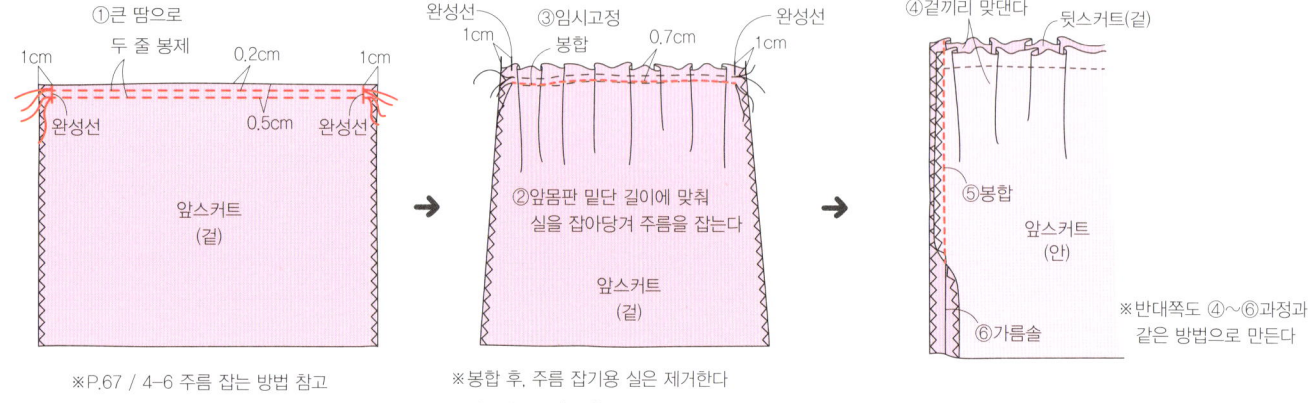

8 몸판에 스커트를 단다 (P.101 / **9**-①~⑥ 참고)

9 소매와 스커트의 밑단을 정리한다

※소매 밑단: P.77 / **5**-③~④ 참고
※스커트 밑단: P.84 / **4**-①~② 참고

no.22, 23 롱 자켓

▶ 화보 P.32
▶ no.22 Pattern D면 / no.23 Pattern A면

재료 ※성인/아동 재료는 P.107에 있습니다.

성인[no.22] 재단배치도

· 지정 이외의 시접은 1cm
· ▒ 부분에 소잉심지를 붙인다
· ▓ 부분에 소잉테이프 심지를 붙인다
· ⌇⌇ 표시된 부분은 지그재그봉제 또는 오버록 처리한다
· 길이가 긴 패턴은 분리하여 수록하였습니다
  맞춤점에 맞춰 한 장으로 연결해주세요

완성 사이즈

성인[no.22]

사이즈 명칭	55	66	77	88
가슴둘레	98	103	108	113
옷길이	100	102	104	106
소매길이	57	58	59	60

아동[no.23]

사이즈 명칭	90	100	110	120	130
가슴둘레	67	71	76	80	84
옷길이	54	58	62	66	71
소매길이	32.5	36	40	43.5	47.5

만드는 순서

· 성인[no.22]
· 아동[no.23]

1. 주머니를 만들어 몸판에 단다
2. 몸판의 어깨와 옆선을 봉합한다
3. 안단을 만든다
4. 몸판에 안칼라를 단다
5. 안단에 겉칼라를 단다
6. 몸판에 안단을 단다
7. 소매를 만들어 몸판에 단다
8. 몸판과 소매의 밑단을 정리한다
9. 몸판과 안단을 고정하고, 몸판에 단춧구멍을 뚫고, 단추를 단다

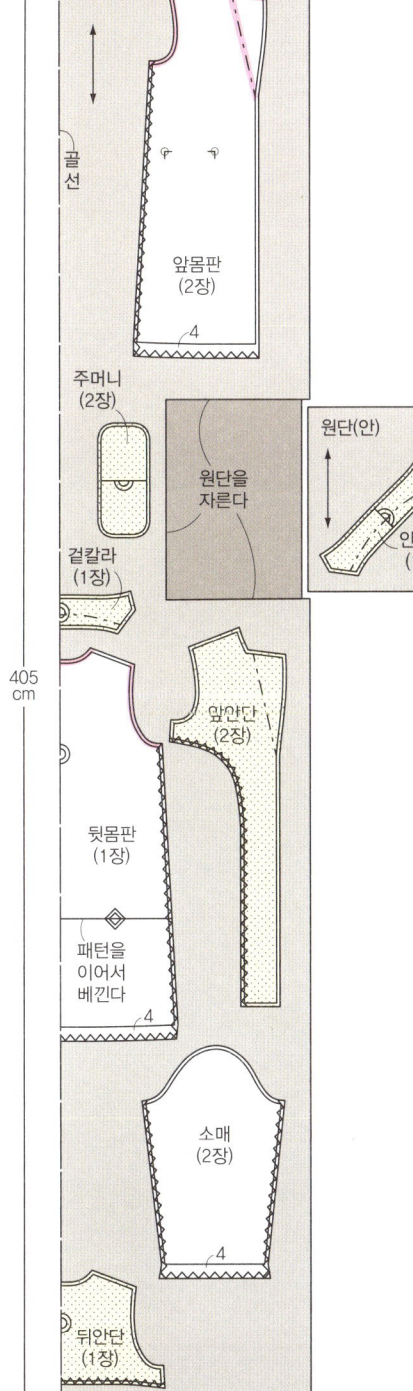

405cm
←110cm폭→

※no.23(아동) 재단배치도는 P.107에 있습니다.

만드는 방법 ★치수가 기재되어 있지 않은 곳은 1cm로 봉합합니다.

1 주머니를 만들어 몸판에 단다

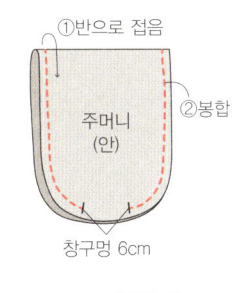

2 몸판의 어깨와 옆선을 봉합한다

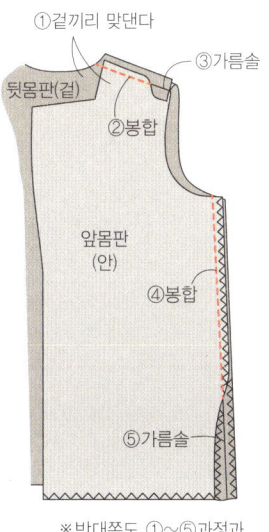

※반대쪽도 ①~⑤과정과 같은 방법으로 만든다

3 안단을 만든다

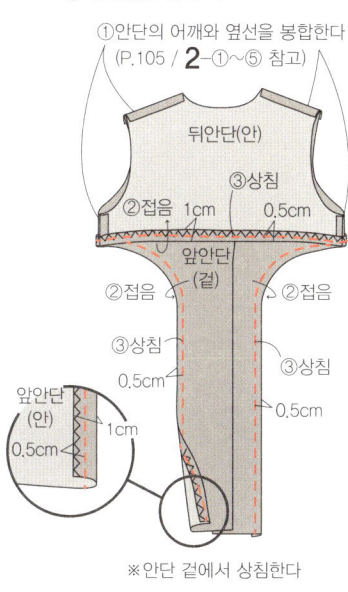

※안단 겉에서 상침한다

4 몸판에 안칼라를 단다 (P.99 / 2-①~④ 참고)

5 안단에 겉칼라를 단다 (P.99 / 2-①~④ 참고)

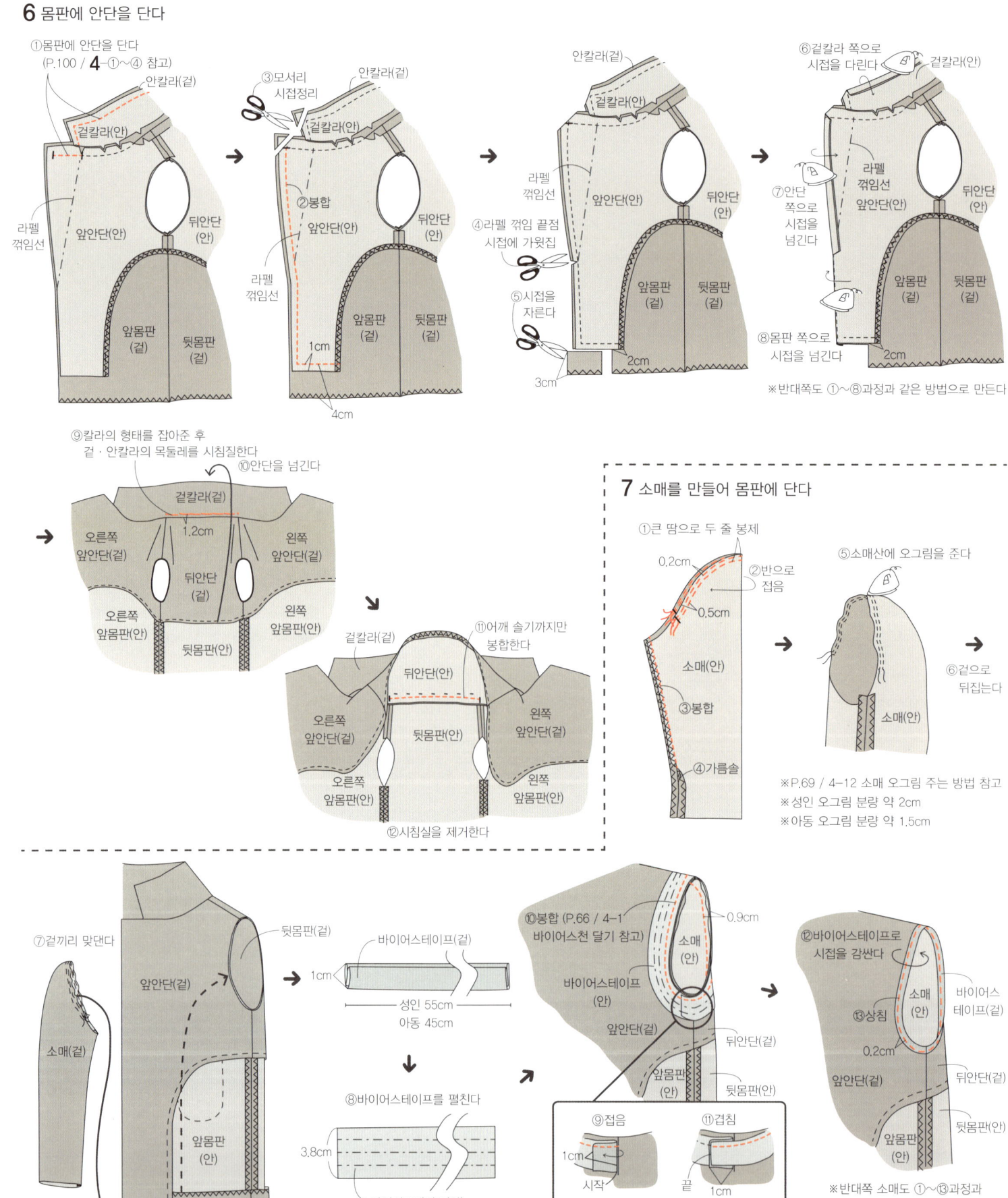

8 몸판과 소매의 밑단을 정리한다

9 몸판과 안단을 고정하고, 몸판에 단춧구멍을 뚫고, 단추를 단다

②상침 0.2cm
①접음
4cm

※ 몸판과 소매 겉에서 상침한다
※ 반대쪽도 ①~②과정과 같은 방법으로 만든다

앞안단(겉)
소매(안)
앞몸판(안)
(안)

겉칼라(겉)
오른쪽 앞안단(겉)
뒤안단(겉)
왼쪽 앞안단(겉)
오른쪽 앞몸판(안)
왼쪽 앞몸판(안)
①공그르기

②상침 0.5cm
겉칼라(겉)
소매(겉)
앞안단(겉)
뒷몸판(안)
앞몸판(겉)

③ 겉쪽에서 칼라를 완성 형태에 맞춰 시침질한다

겉칼라(겉)
안칼라(겉)
뒤안단(겉)
오른쪽 앞몸판(겉)
왼쪽 앞몸판(겉)

④ 완성 형태에 맞춰 집어 다린 후 시침실을 제거한다

뒤안단(겉)
겉칼라(겉)
오른쪽 앞몸판(겉)
왼쪽 앞몸판(겉)
⑤ 단춧구멍을 뚫는다
⑥ 단추를 단다

Finish

아동[no.23] 재단배치도

- 지정 이외의 시접은 1cm
- ▨ 부분에 소잉심지를 붙인다
- ▨ 부분에 소잉테이프 심지를 붙인다
- ⋯ 표시된 부분은 지그재그봉제 또는 오버록 처리한다

주머니(2장)
골선
겉칼라(1장)
앞몸판(2장)
뒤안단(1장)
원단(안)
뒷몸판(1장)
앞안단(2장)
소매(2장)
원단을 자른다

225cm

원단(안) 남은 원단을 펼친다
안칼라(1장)

110cm폭

성인[no.22] 재료

- 겉감 …… 110cm폭 x 405cm
- 소잉심지 …… 110cm폭 x 135cm
- 1.2cm폭 소잉테이프 심지 …… 1팩
- 1cm(완성폭) 바이어스테이프 …… 1팩
- 2.1cm폭 단추 …… 3개

아동[no.23] 재료

- 겉감 …… 110cm폭 x 225cm
- 소잉심지 …… 110cm폭 x 90cm
- 1.2cm폭 소잉테이프 심지 …… 1팩
- 1cm(완성폭) 바이어스테이프 …… 1팩
- 2.1cm폭 단추 …… 3개

no.24, 25 어깨끈 에이프런

▶ 화보 P.35
▶ no.24 Pattern B면 / no.25 Pattern C면

성인[no.24] 재료
- 겉감 …… 110cm폭 x 315cm
- 소잉심지 …… 55cm폭 x 120cm
- 3cm폭 고무줄 …… 1팩
- 1.8cm폭 단추 …… 2개

아동[no.25] 재료
- 겉감 …… 110cm폭 x 225cm
- 소잉심지 …… 40cm폭 x 90cm
- 2cm폭 고무줄 …… 1팩
- 1.8cm폭 단추 …… 2개

완성 사이즈

성인 [no.24]

사이즈 명칭	55	66	77	88
허리둘레	141	141	142	142
스커트길이	86.5	86.5	86.5	86.5

※허리둘레는 고무줄을 달기 전 사이즈입니다

아동 [no.25]

사이즈 명칭	90	100	110	120	130
허리둘레	80	84	88	92	96
스커트길이	46	48	50	52	54

※허리둘레는 고무줄을 달기 전 사이즈입니다

성인[no.24] 재단배치도
- 지정 이외의 시접은 1cm
- ▨ 부분에 소잉심지를 붙인다
- ∿ 표시된 부분은 지그재그봉제 또는 오버록 처리한다

만드는 순서
- 성인 [no.24]
- 아동 [no.25]

1. 앞몸판을 만든다
2. 허리벨트를 만들어 몸판에 단다
3. 스커트를 만든다
4. 허리벨트에 스커트를 단다
5. 허리벨트에 고무줄을 통과시킨다
6. 어깨끈에 끈고정감을 단다
7. 어깨끈에 단춧구멍을 뚫고, 단추를 단다
8. 스커트의 밑단을 정리한다

만드는 방법
★치수가 기재되어 있지 않은 곳은 1cm로 봉합합니다.

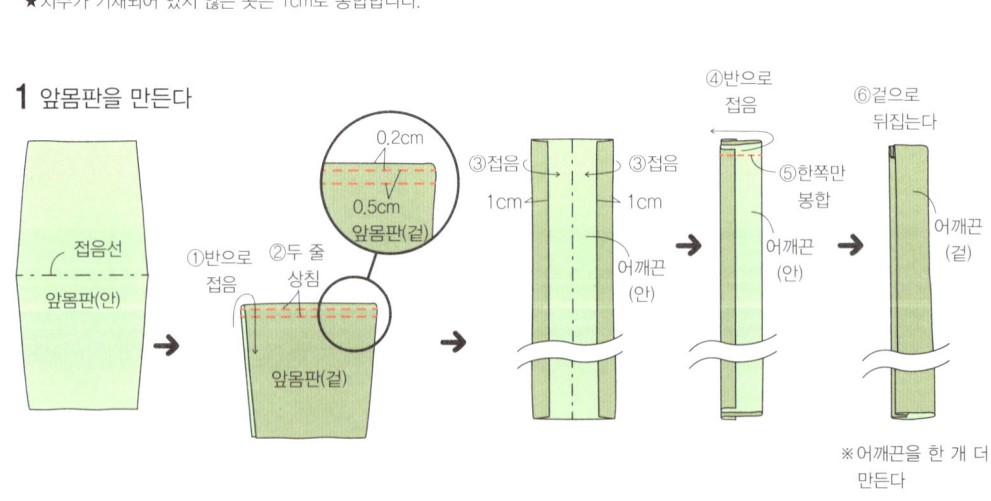

1. 앞몸판을 만든다

※어깨끈을 한 개 더 만든다

※no.24(성인) 끈고정감 실물크기 패턴 P.110 참고
※no.25(아동) 재단배치도는 P.110에 있습니다.

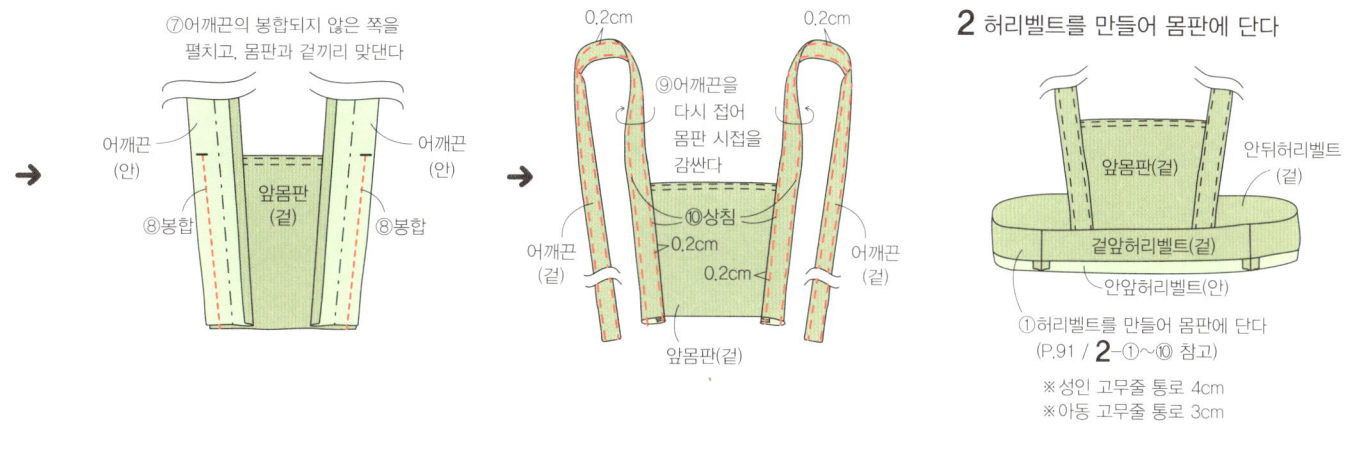

2 허리벨트를 만들어 몸판에 단다

①허리벨트를 만들어 몸판에 단다
(P.91 / 2-①~⑩ 참고)

※성인 고무줄 통로 4cm
※아동 고무줄 통로 3cm

3 스커트를 만든다

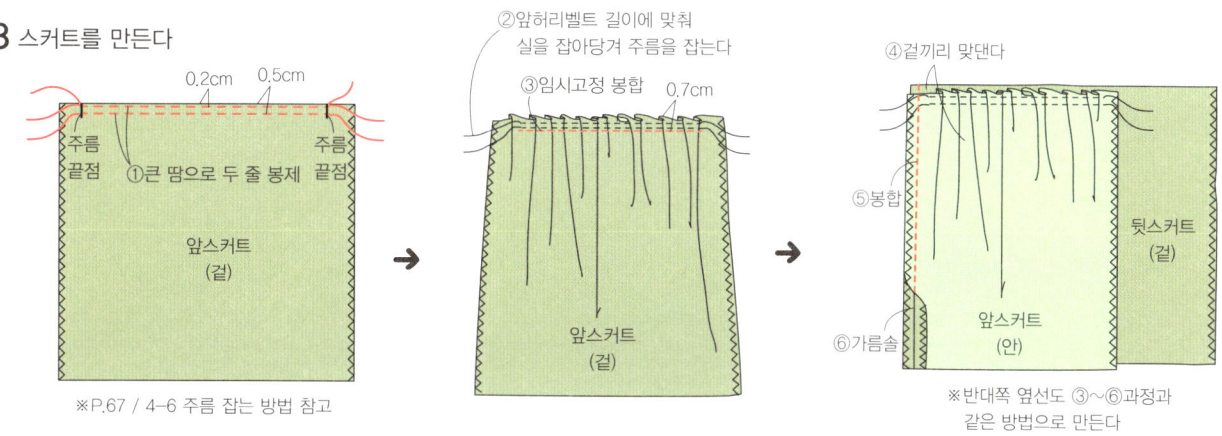

※P.67 / 4-6 주름 잡는 방법 참고

※반대쪽 옆선도 ③~⑥과정과 같은 방법으로 만든다

4 허리벨트에 스커트를 단다 (P.91 / 4-①~⑤ 참고)

※봉합 후, 주름 잡기용 실은 제거한다

5 허리벨트에 고무줄을 통과시킨다 (P.83~84 / 3-①~⑥ 참고)

※P.68 / 4-7 고무줄 끼우개 사용 방법 참고
※성인 고무줄 길이 – 55:34cm / 66:36cm / 77:38cm / 88:40cm
※아동 고무줄 길이 – 90:26cm / 100:28cm / 110:30cm / 120:32cm / 130:34cm

6 어깨끈에 끈고정감을 단다

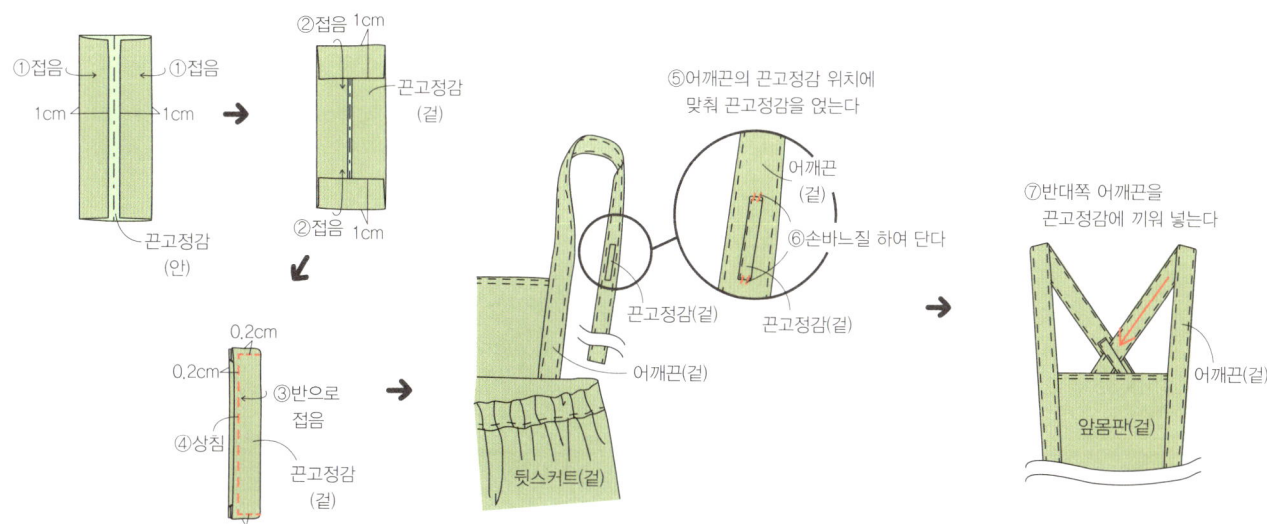

7 어깨끈에 단춧구멍을 뚫고, 단추를 단다

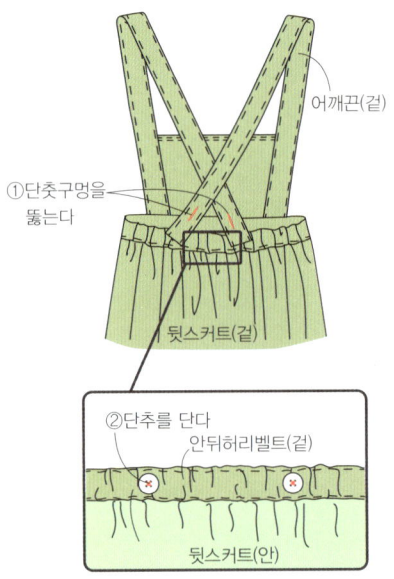

· 성인[no.24], 아동[no.25] 〈끈고정감 실물크기 패턴_공통〉

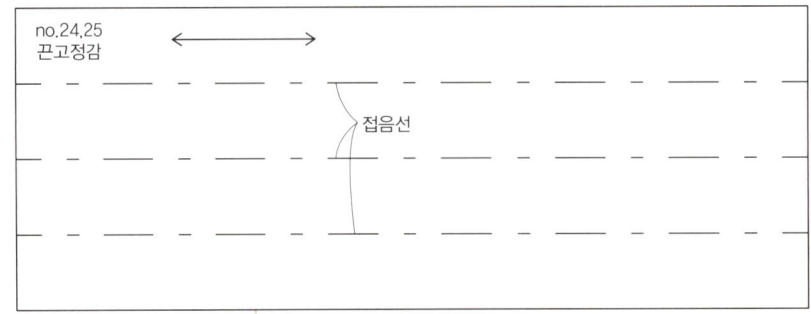

8 스커트의 밑단을 정리한다 (P.77 / 5-①~② 참고)

아동[no.25] 재단배치도

· 지정 이외의 시접은 1cm
· ▨ 부분에 소잉심지를 붙인다
· ⌇⌇ 표시된 부분은 지그재그봉제 또는 오버록 처리한다

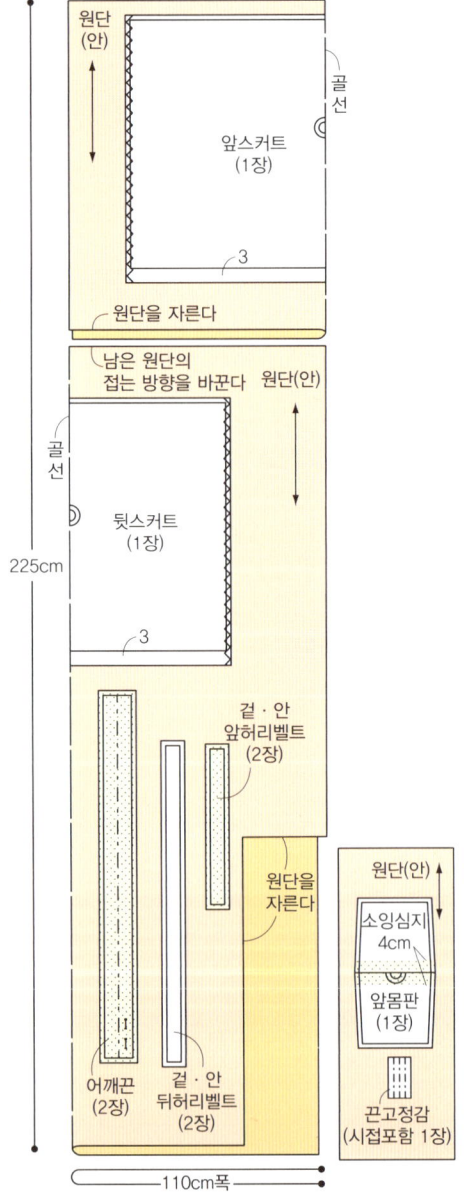

※no.25(아동) 끈고정감 실물크기 패턴 P.110 참고

no.26, 27 사이드 리본 에이프런

▶ 화보 P.38
▶ no.26, 27 Pattern A면

성인[no.26] 재료

- 겉감 …… 150cm폭 x 270cm
- 소잉심지 …… 40cm폭 x 75cm
- 1.2cm폭 소잉테이프 심지 …… 1팩
- 2.2cm폭 태슬장식 …… 1개

아동[no.27] 재료

- 겉감 …… 110cm폭 x 180cm
- 소잉심지 …… 20cm폭 x 55cm
- 1.2cm폭 소잉테이프 심지 …… 1팩
- 2.2cm폭 태슬장식 …… 1개

성인[no.26] 재단배치도

- 지정 이외의 시접은 1cm
- 부분에 소잉심지를 붙인다
- 부분에 소잉테이프 심지를 붙인다
- 끈감은 직접 제도하여 사용합니다

완성 사이즈

성인 [no.26]

사이즈 명칭	55	66	77	88
가슴둘레	103	107	112	117
옷길이	110	111	114	115

아동 [no.27]

사이즈 명칭	90	100	110	120	130
가슴둘레	67	71	75	79	83
옷길이	46	50	54	57	61

만드는 순서

- 성인 [no.26]
- 아동 [no.27]

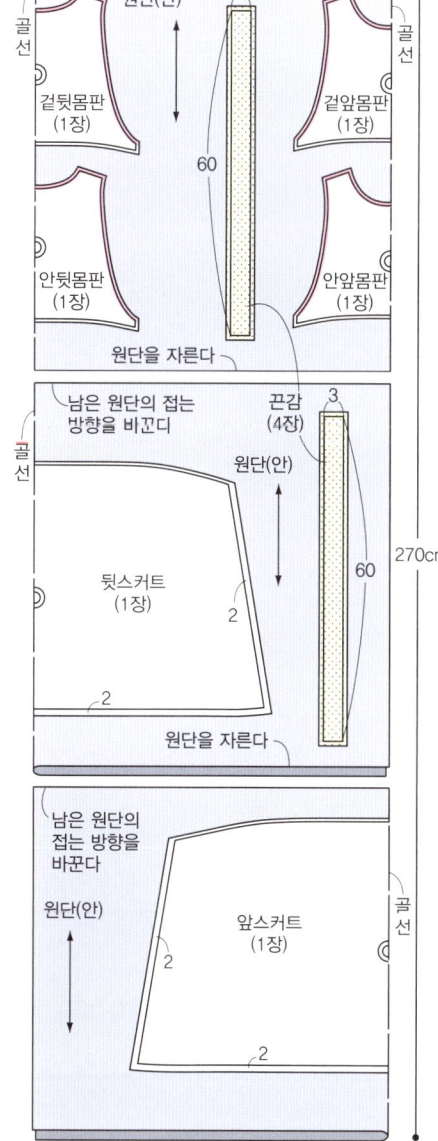

1. 끈감을 만들어 몸판에 임시고정한다
2. 몸판을 만든다
3. 스커트를 만든다
4. 몸판과 스커트를 연결한다
5. 몸판에 태슬장식을 단다

만드는 방법

★ 치수가 기재되어 있지 않은 곳은 1cm로 봉합합니다.

1. 끈감을 만들어 몸판에 임시고정한다

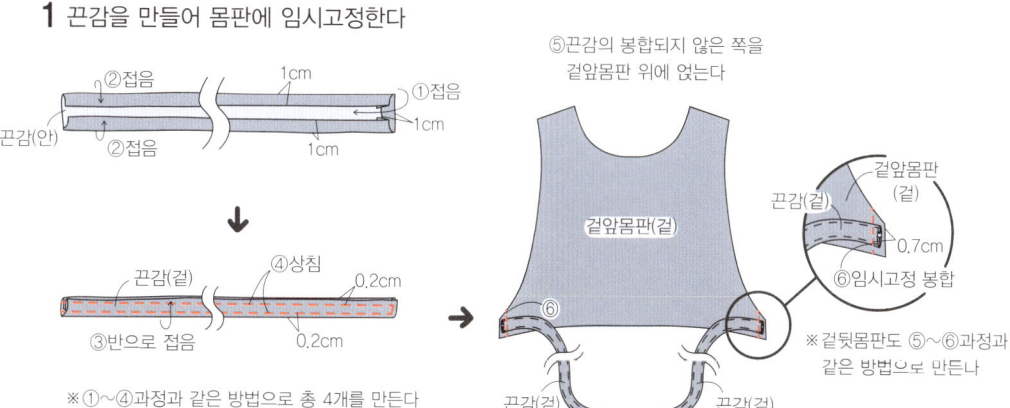

※ no.27(아동) 재단배치도는 P.113에 있습니다.

2 몸판을 만든다

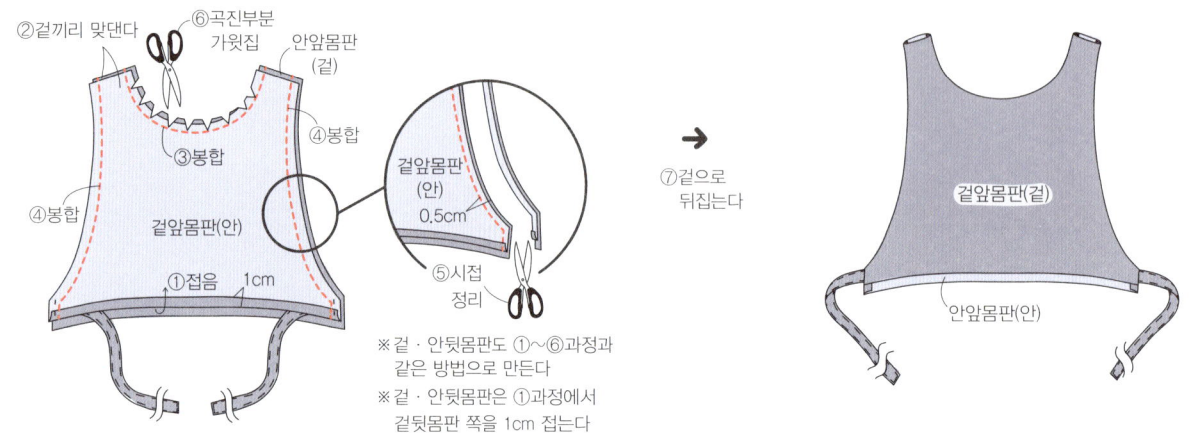

3 스커트를 만든다

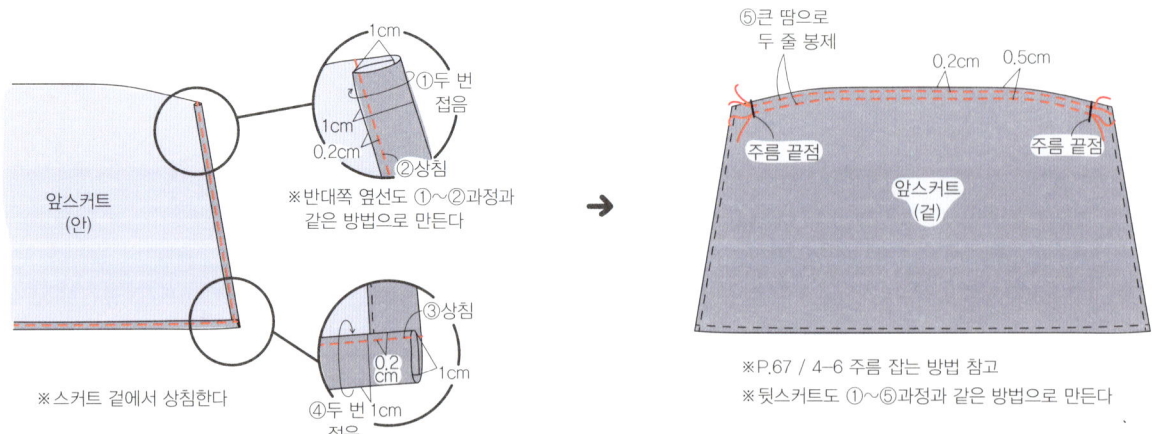

4 몸판과 스커트를 연결한다

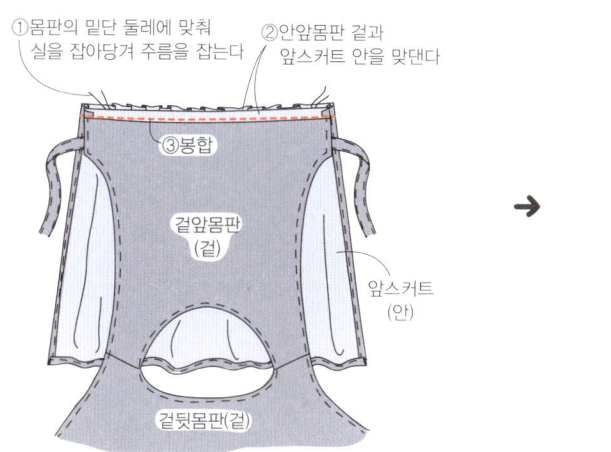

※봉합 후, 주름 잡기용 실은 제거한다

5 몸판에 태슬장식을 단다

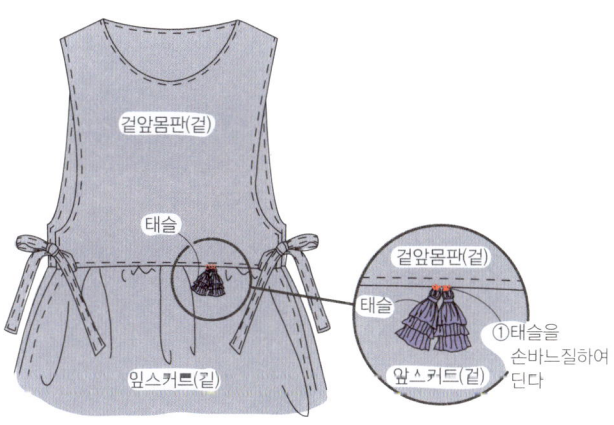

아동[no.27] 재단배치도

· 지정 이외의 시접은 1cm
· ▨ 부분에 소잉심지를 붙인다
· ▨ 부분에 소잉테이프 심지를 붙인다
· 끈감은 직접 제도하여 사용합니다

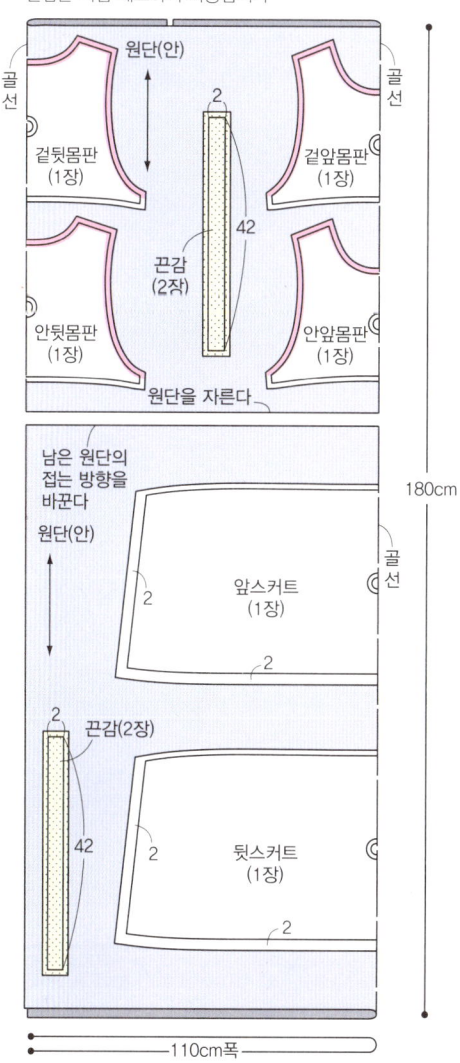

no.28, 29 홈웨어

▶화보 P.40
▶no.28 Pattern C,D면 / no.29 Pattern B,C,D면

재료 ※성인/아동 재료는 P.116에 있습니다.

완성 사이즈 ※성인/아동 완성사이즈는 P.115에 있습니다.

성인[no.28] 재단배치도
- 지정 이외의 시접은 1cm
- ▨ 부분에 소잉심지를 붙인다
- ▮ 부분에 소잉테이프 심지를 붙인다
- ∿ 표시된 부분은 지그재그봉제 또는 오버록 처리한다

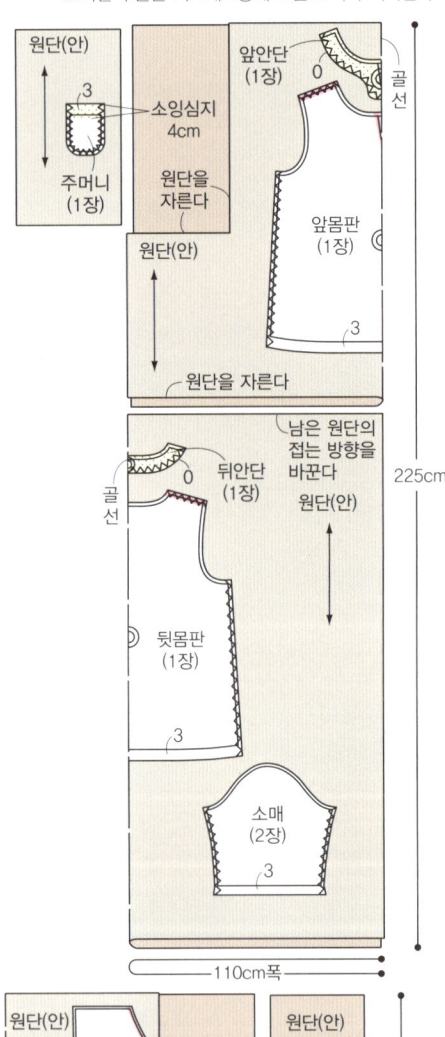

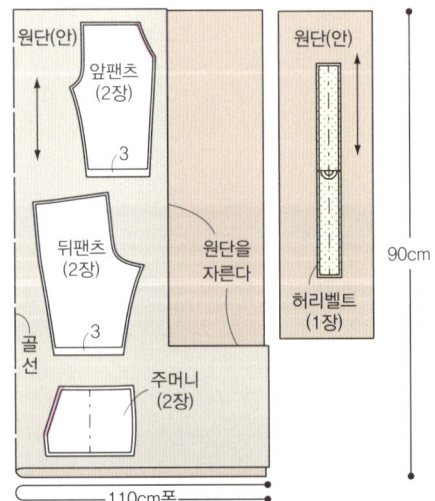

※no.29(아동) 재단배치도는 P.116에 있습니다.

만드는 순서
- 성인 [no.28]
- 아동1,2 [no.29]

〈상의〉
1. 주머니를 만들어 몸판에 단다
2. 몸판의 어깨를 봉합한다
3. 안단을 만들어 몸판에 단다
4. 몸판에 소매를 단다
5. 몸판과 소매의 옆선을 한 번에 이어서 봉합한다
6. 몸판과 소매의 밑단을 정리한다

〈하의〉
1. 주머니를 만들어 앞팬츠에 단다
2. 팬츠의 옆선을 봉합한다
3. 팬츠의 밑위를 봉합한다
4. 팬츠의 밑아래를 봉합한다
5. 허리벨트를 만들어 팬츠에 단다
6. 팬츠의 밑단을 정리한다

만드는 방법 ★치수가 기재되어 있지 않은 곳은 1cm로 봉합합니다.

〈상의〉

1. 주머니를 만들어 몸판에 단다

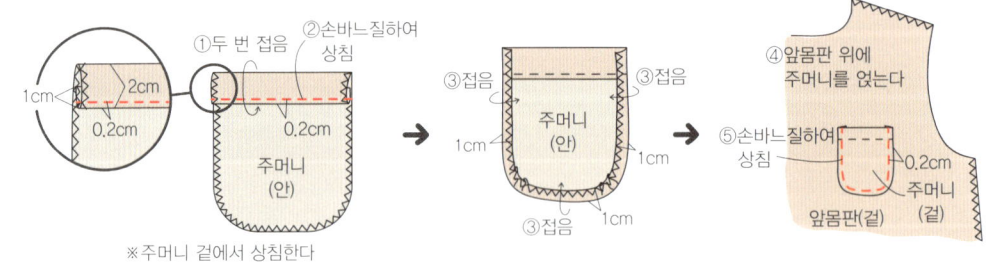

2. 몸판의 어깨를 봉합한다 (P.76 / 1-②~④ 참고)

3. 안단을 만들어 몸판에 단다

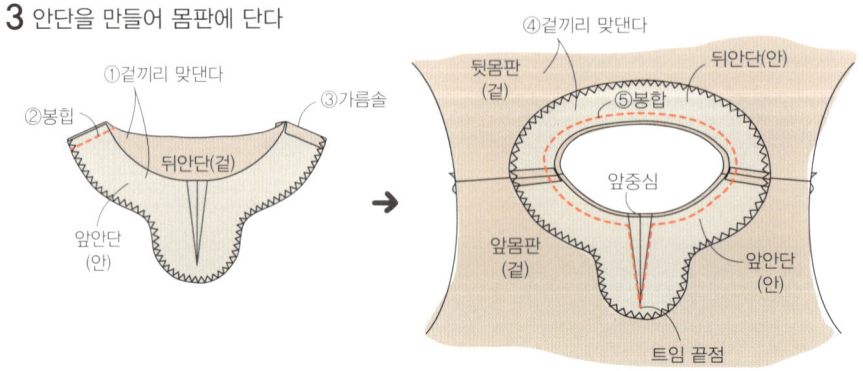

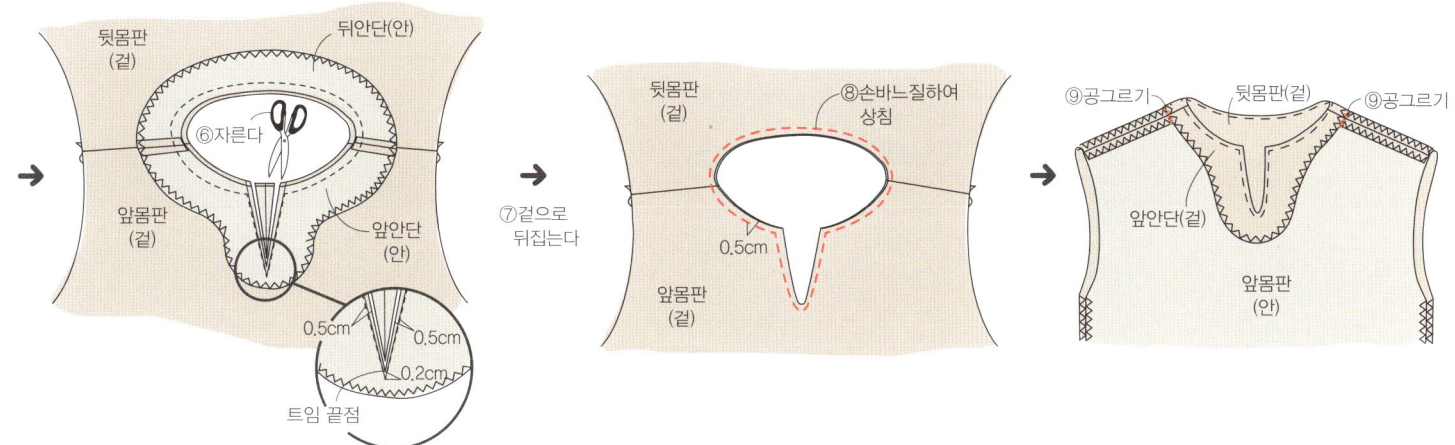

4 몸판에 소매를 단다 (P.88 / 2-①~④ 참고)

5 몸판과 소매의 옆선을 한 번에 이어서 봉합한다 (P.94 / 5-①~③ 참고)

6 몸판과 소매의 밑단을 정리한다 (P.77 / 5-①~④ 참고)

〈하의〉

1 앞팬츠에 옆선 주머니를 단다 (P.79 / 1-①~⑩ 참고)

2 팬츠의 옆선을 봉합한다 (P.80 / 2-①~⑥ 참고)

3 팬츠의 밑위를 봉합한다 (P.80 / 3-①~④ 참고)

4 팬츠의 밑아래를 봉합한다 (P.80 / 4-①~④ 참고)

5 허리벨트를 만들어 팬츠에 단다 (P.80 / 5-①~⑪ 참고)

※ 성인 고무줄 길이 – 55:68cm / 66:72cm 77:76cm / 88:80cm

※ 성인 허리벨트 고무줄 통로 4cm

※ 아동 고무줄 길이 – 90:44cm / 100:46cm
　　　　　　　　　　110:48cm / 120:50cm / 130:52cm

※ 아동 허리벨트 고무줄 통로 3cm

6 팬츠의 밑단을 정리한다 (P.81 / 6-①~② 참고)

완성 사이즈

성인(상의) [no.28]

사이즈 명칭	55	66	77	88
가슴둘레	100	104.5	109	113.5
옷길이	63	65	67	69
소매길이	35	36	37	39

아동_1(오부 소매) [no.29]

사이즈 명칭	90	100	110	120	130
가슴둘레	66.5	70.5	74.5	78.5	82.5
옷길이	35	39	43	47	51
소매길이	16	18	20	22	24

아동_2(반소매) [no.29]

사이즈 명칭	90	100	110	120	130
가슴둘레	66.5	70.5	74.5	78.5	82.5
옷길이	35	39	43	47	51
소매길이	10	11	12	13	14

성인(하의) [no.28]

사이즈 명칭	55	66	77	88
허리둘레	99	103	108	113
옷길이	55	57	60	62

아동_1(반바지) [no.29]

사이즈 명칭	90	100	110	120	130
허리둘레	66	70	74	78	82
옷길이	22	24	26	28	30

아동_2(오부 바지) [no.29]

사이즈 명칭	90	100	110	120	130
허리둘레	66	70	74	78	82
옷길이	30.5	34	37.5	41	44.5

※ 허리둘레는 고무줄을 달기 전 사이즈입니다

no.28 29 홈웨어

아동1[no.29] 재단배치도
- 지정 이외의 시접은 1cm
- 부분에 소잉심지를 붙인다
- 부분에 소잉테이프 심지를 붙인다
- ⌇⌇ 표시된 부분은 지그재그봉제 또는 오버록 처리한다

〈아동1_오부 소매〉
- 앞안단 (1장)
- 뒤안단 (1장)
- 원단(안)
- 뒷몸판 (1장)
- 앞몸판 (1장)
- 골선
- 원단을 자른다
- 원단(안)
- 남은 원단의 접는 방향을 바꾼다
- 소매 (2장)
- 원단을 자른다
- 원단(안)
- 주머니 (1장)
- 소잉심지 4cm
- 90cm
- 110cm폭

〈아동1_반바지〉
- 원단(안)
- 앞팬츠 (2장)
- 뒤팬츠 (2장)
- 주머니 (2장)
- 골선
- 원단을 자른다
- 원단(안)
- 허리벨트 (1장)
- 90cm
- 110cm폭

아동2[no.29] 재단배치도
- 지정 이외의 시접은 1cm
- 부분에 소잉심지를 붙인다
- 부분에 소잉테이프 심지를 붙인다
- ⌇⌇ 표시된 부분은 지그재그봉제 또는 오버록 처리한다

〈아동2_반소매〉
- 앞안단 (1장)
- 뒤안단 (1장)
- 원단(안)
- 뒷몸판 (1장)
- 앞몸판 (1장)
- 골선
- 원단을 자른다
- 원단(안)
- 남은 원단의 접는 방향을 바꾼다
- 소매 (2장)
- 원단을 자른다
- 원단(안)
- 주머니 (1장)
- 소잉심지 4cm
- 90cm
- 110cm폭

〈아동2_오부 바지〉
- 원단(안)
- 앞팬츠 (2장)
- 뒤팬츠 (2장)
- 주머니 (2장)
- 골선
- 원단을 자른다
- 원단(안)
- 허리벨트 (1장)
- 135cm
- 110cm폭

성인[no.28] 재료
- 겉감(상의) …… 110cm폭 x 225cm
- 겉감(하의) …… 110cm폭 x 90cm
- 소잉심지 …… 110cm폭 x 90cm
- 1.2cm폭 소잉테이프 심지 …… 1팩
- 3cm폭 고무줄 …… 1팩

아동1[no.29] 재료
- 겉감 상의(오부 소매) …… 110cm폭 x 90cm
- 겉감 하의(반바지) …… 110cm폭 x 90cm
- 소잉심지 …… 110cm폭 x 90cm
- 1.2cm폭 소잉테이프 심지 …… 1팩
- 2cm폭 고무줄 …… 1팩

아동2[no.29] 재료
- 겉감 상의(반소매) …… 110cm폭 x 90cm
- 겉감 하의(오부 바지) …… 110cm폭 x 135cm
- 소잉심지 …… 110cm폭 x 90cm
- 1.2cm폭 소잉테이프 심지 …… 1팩
- 2cm폭 고무줄 …… 1팩

no.30, 31 벙거지 모자

▶ 화보 P.43
▶ no.30,31 Pattern A면

성인[no.30] 재료

- 겉감 …… 110cm폭 x 90cm
- 안감 …… 110cm폭 x 25cm
- 소잉심지 …… 60cm폭 x 90cm
- 가방심지 …… 60cm폭 x 90cm

아동[no.31] 재료

- 겉감 …… 110cm폭 x 90cm
- 안감 …… 110cm폭 x 20cm
- 소잉심지 …… 60cm폭 x 90cm
- 가방심지 …… 50cm폭 x 90cm

성인[no.30] 재단배치도

- 지정 이외의 시접은 1cm
- 부분에 소잉심지를 붙인다
- 부분에 가방심지를 붙인다

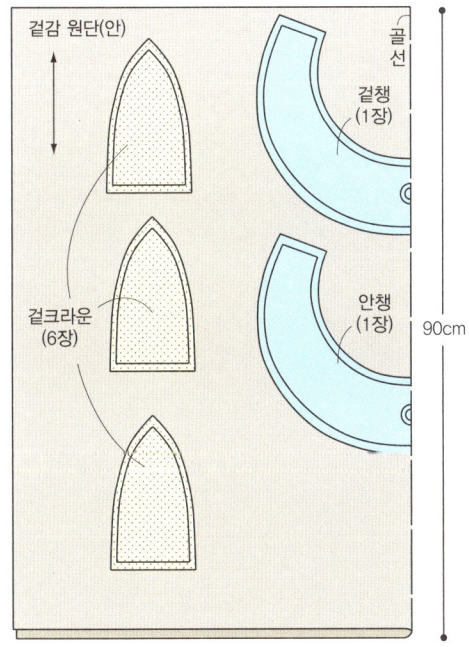

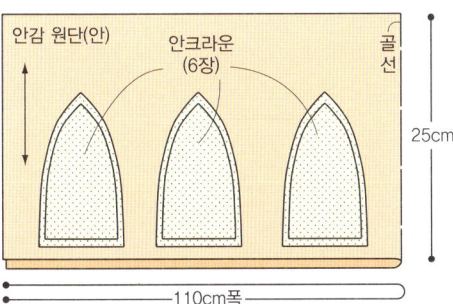

※no.31(아동) 재단배치도는 P.118에 있습니다.

완성 사이즈

성인 [no.30] : S(57cm×26cm) / M(60cm×26.5cm) / L(62.7cm×27cm)
아동 [no.31] : S(51cm×20.7cm) / M(54cm×21cm) / L(56.7cm×21.7cm)

만드는 순서

· 성인 [no.30]
· 아동 [no.31]

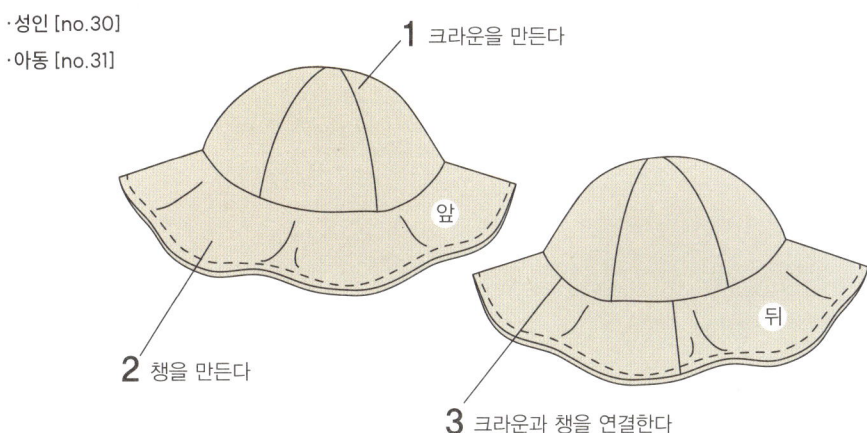

1 크라운을 만든다
2 챙을 만든다
3 크라운과 챙을 연결한다

만드는 방법

★치수가 기재되어 있지 않은 곳은 1cm로 봉합합니다.

1 크라운을 만든다

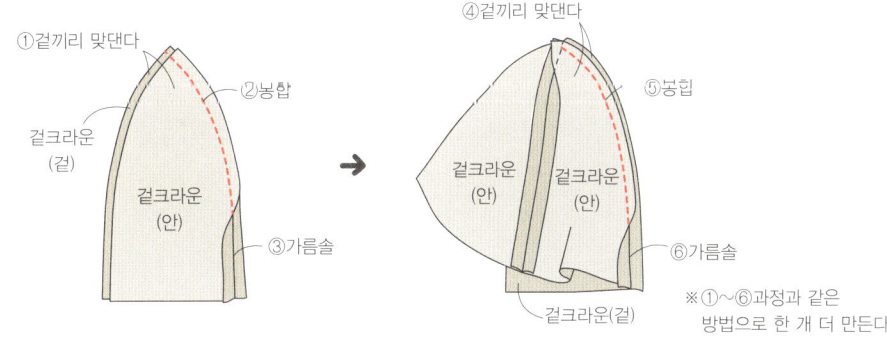

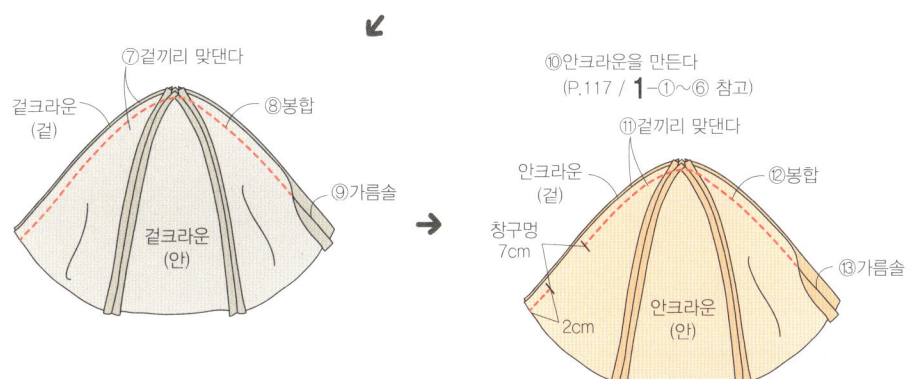

2 챙을 만든다

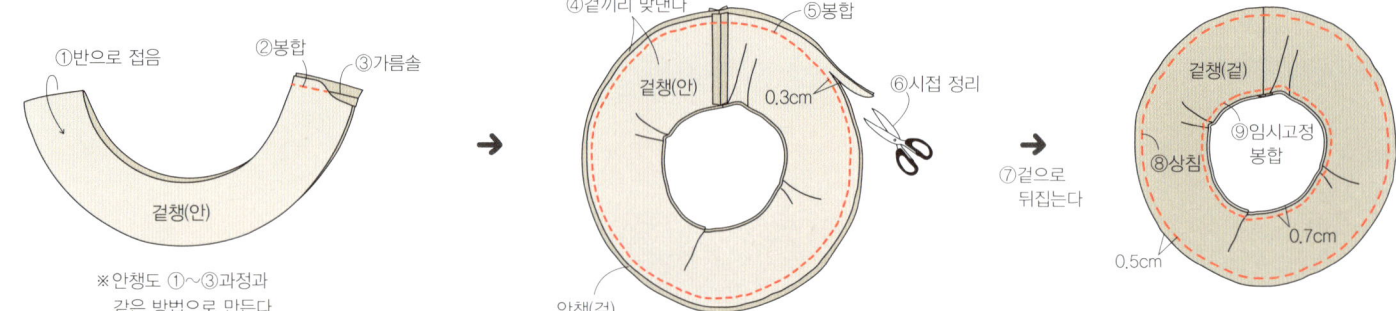

3 크라운과 챙을 연결한다

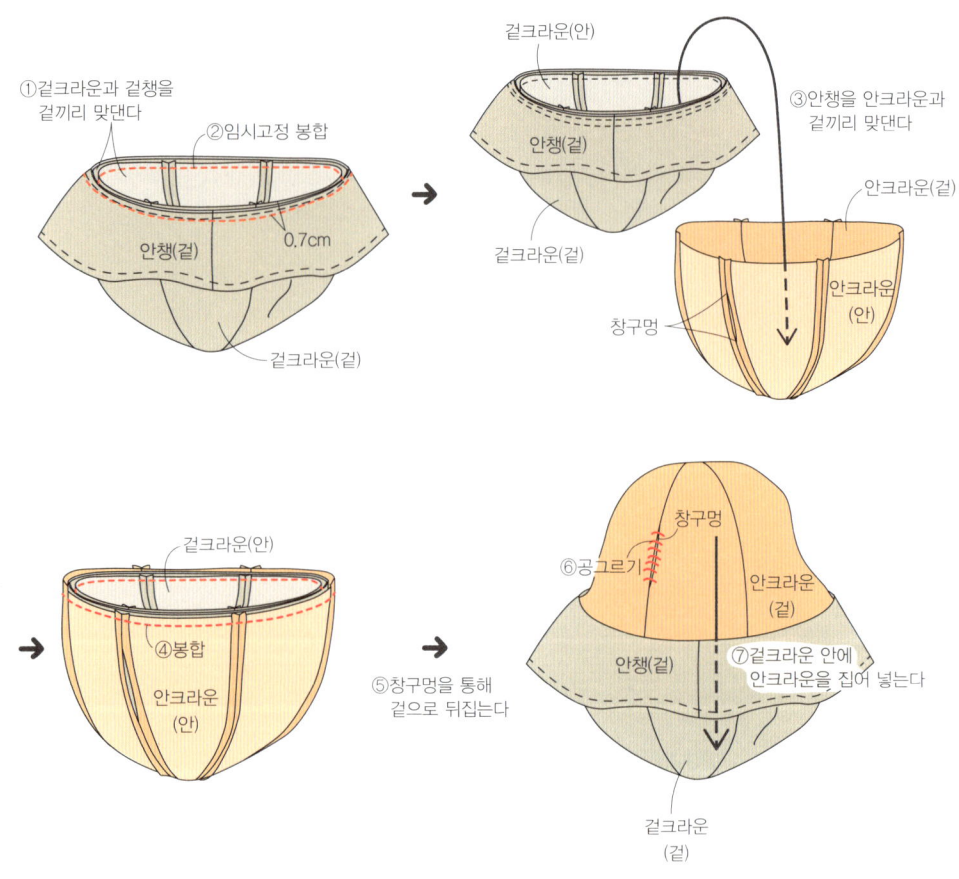

아동[no.31] 재단배치도

- 지정 이외의 시접은 1cm
- ▨ 부분에 소잉심지를 붙인다
- ▨ 부분에 가방심지를 붙인다

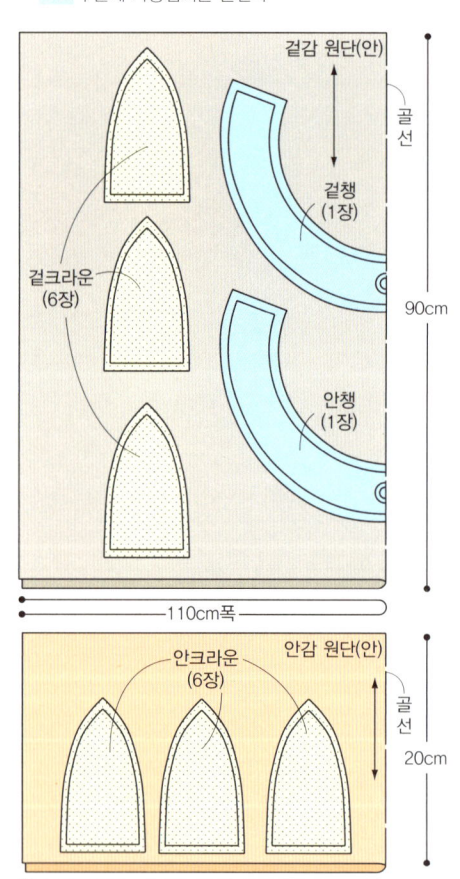

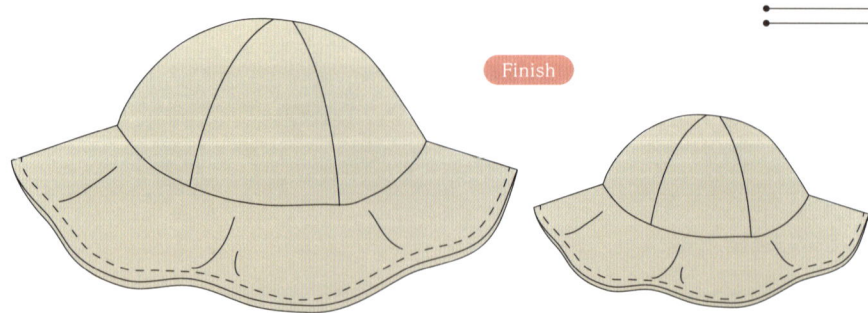

Finish

no.32, 33 세일러 넥 스카프

▶화보 P.44
▶no.32,33 Pattern B면

성인[no.32] 재료
· 겉감 …… 55cm폭 x 90cm

아동[no.33] 재료
· 겉감 …… 55cm폭 x 90cm

완성 사이즈
성인 [no.32] : 33.5cm×14.5cm (One Size)
아동 [no.33] : 23.3cm×10cm (One Size)

만드는 순서
· 성인 [no.32]
· 아동 [no.33]

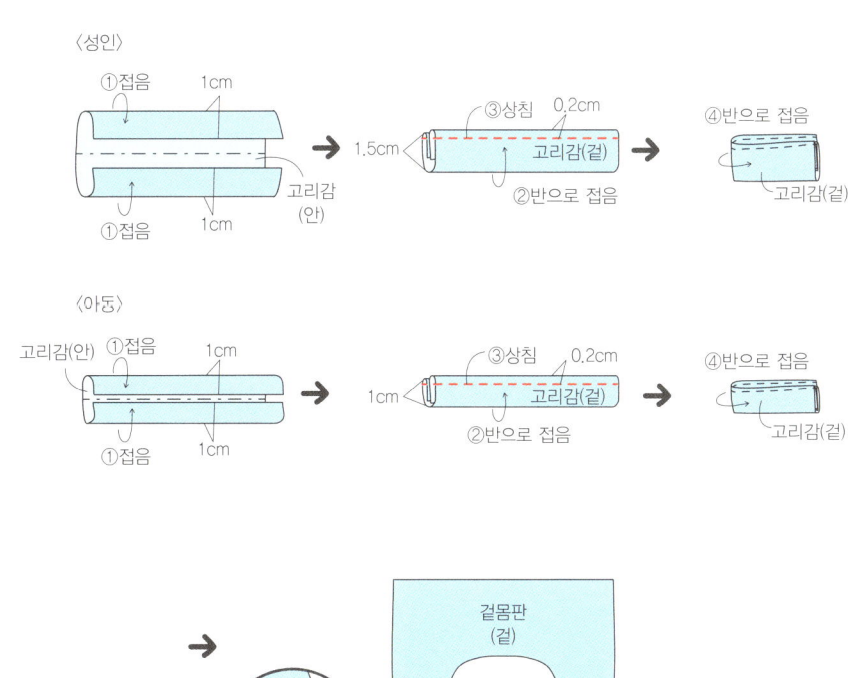

성인[no.32] 재단배치도
· 지정 이외의 시접은 1cm

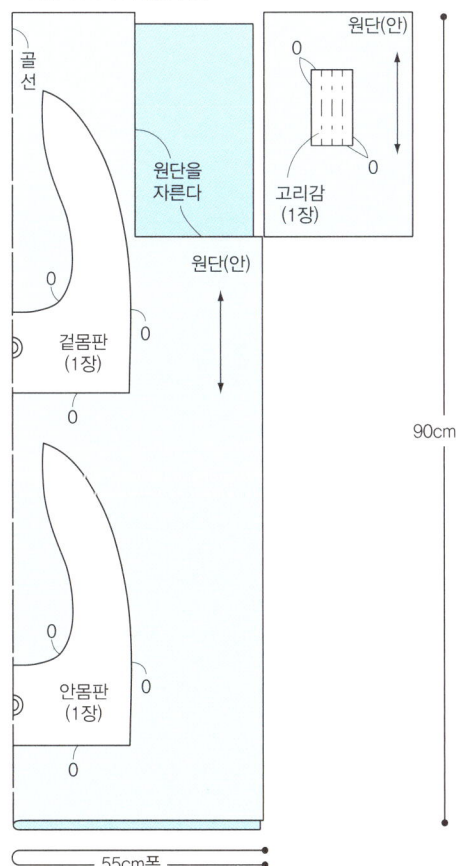

※no.32(성인) 고리감 실물크기 패턴 P.120 참고
※no.33(아동) 재단배치도는 P.120에 있습니다.

만드는 방법
★치수가 기재되어 있지 않은 곳은 1cm로 봉합합니다.

1 고리감을 만들어 몸판에 임시고정한다

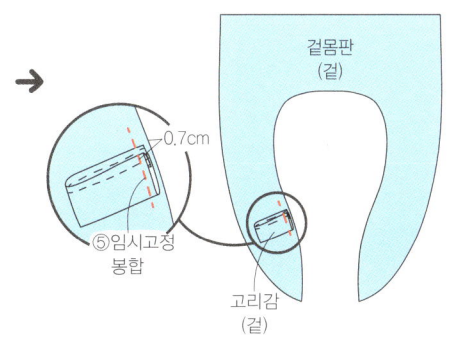

119

2 몸판을 만든다

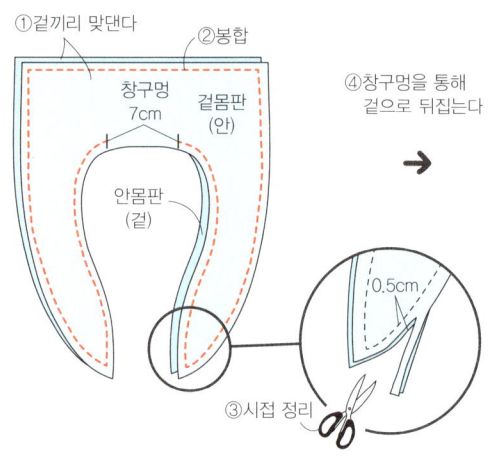
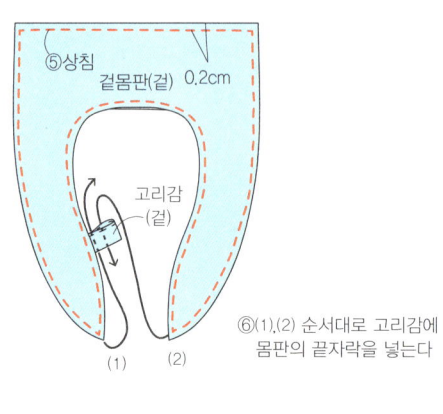

아동[no.33] 재단배치도
· 지정 이외의 시접은 1cm

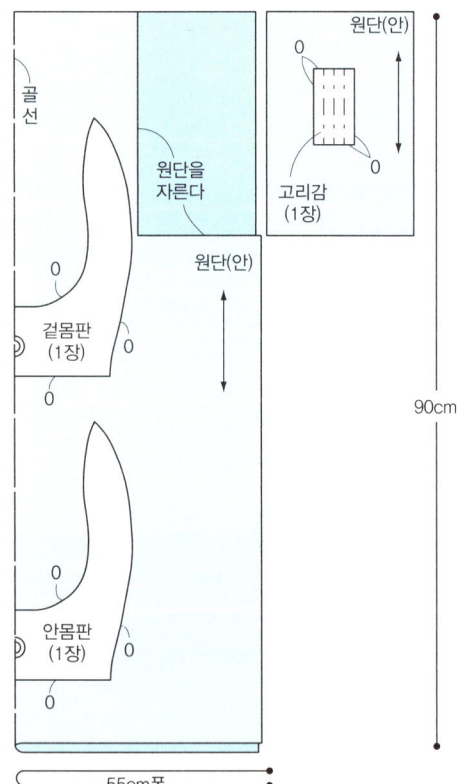

※no.33(아동) 고리감 실물크기 패턴 P.120 참고

· 성인 [no.32] 〈고리감 실물크기 패턴〉

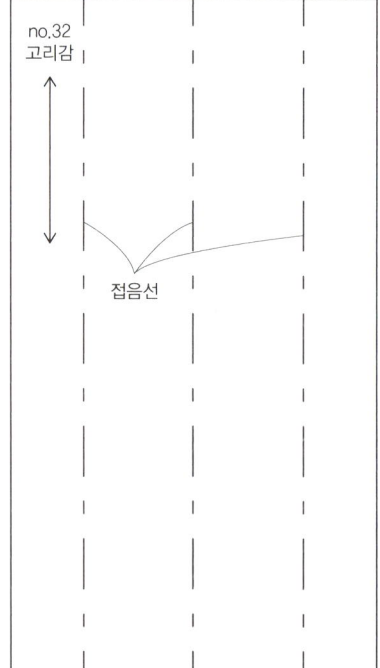

· 아동 [no.33] 〈고리감 실물크기 패턴〉

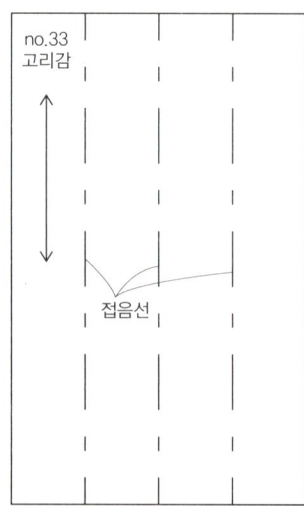

no.34 플리츠 넥 스카프

▶ 화보 P.46
▶ no.34 직접 제도하여 사용합니다

아동[no.34] 재료
- 겉감 …… 110cm폭 × 90cm

완성 사이즈
아동 [no.34] : 38cm × 5cm (One Size)

아동[no.34] 재단배치도
- 지정 이외의 시접은 1cm
- 모든 패턴은 직접 제도하여 사용합니다

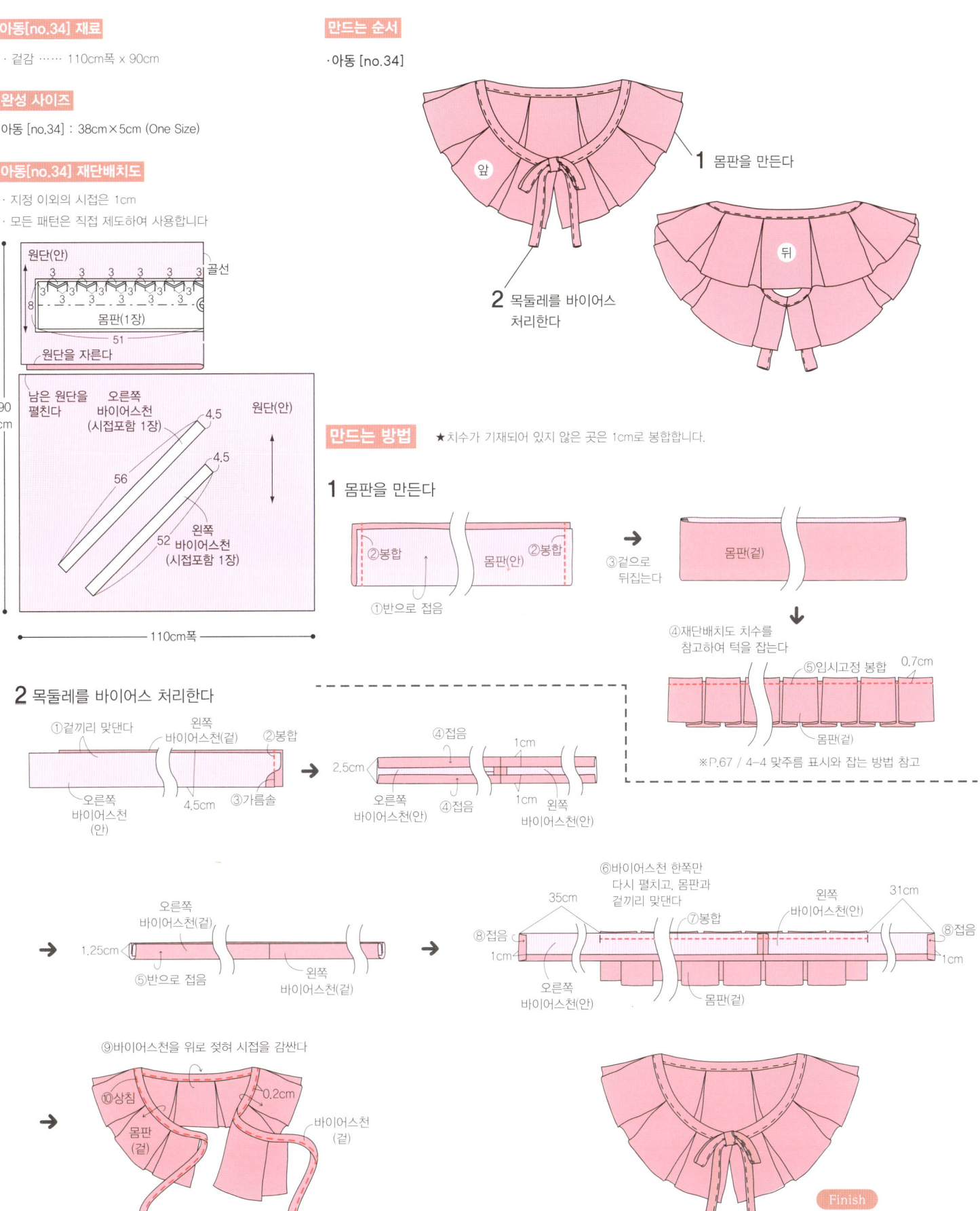

no.35 클러치백

▶화보 P.48
▶no.35 Pattern A면

성인[no.35] 재료

- 겉감 …… 110cm폭 × 45cm
- 안감 …… 55cm폭 × 90cm
- 가방심지 …… 110cm폭 × 45cm
- 소잉심지 …… 110cm폭 × 45cm
- 소프트 보강심지 …… 110cm폭 × 45cm
- 양면 멜트심지 …… 110cm폭 × 45cm
- 2.5cm폭 솜고정용 접착 테이프심지 …… 1팩
- 워셔블 매직테이프 …… 1팩
- 30cm 지퍼 …… 1개
- 20cm 지퍼 …… 1개
- 1.3cm폭 D링 …… 1개
- 핸드 스트랩 …… 1개
- 2cm폭 라벨 …… 1개

완성 사이즈

성인 [no.35] : 31cm×22cm (One Size)

성인[no.35] 재단배치도

- 지정 이외의 시접은 1cm
- ▨ 부분에 소잉심지를 붙인다
- ▨ 부분에 가방심지를 붙인다

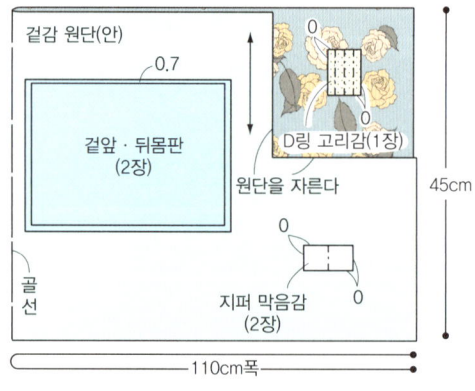

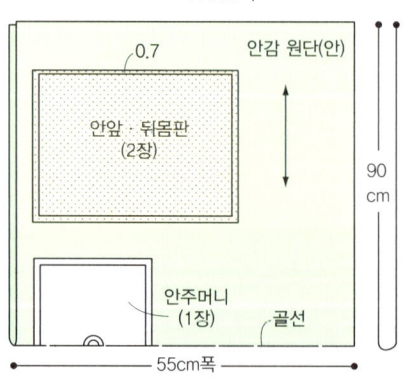

※no.35(성인) D링 고리감, 지퍼 막음감 실물크기 패턴 P.124 참고

만드는 순서

· 성인 [no.35]

1 심지를 붙인다
2 앞몸판에 라벨을 단다
3 D링 고리감을 만들어 몸판에 임시고정한다
4 안몸판에 안주머니를 단다
5 몸판에 지퍼를 단다
6 겉·안몸판을 봉합한다
7 D링에 핸드 스트랩을 끼운다

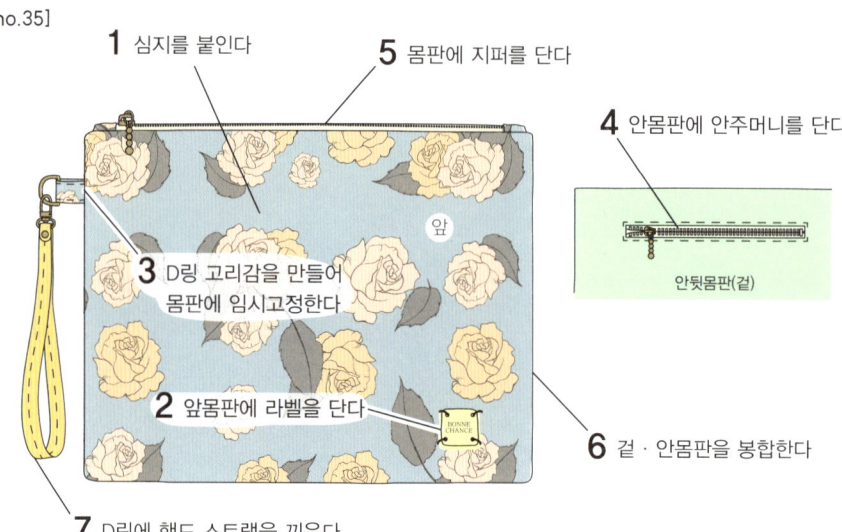

만드는 방법

★치수가 기재되어 있지 않은 곳은 1cm로 봉합합니다.

1 심지를 붙인다

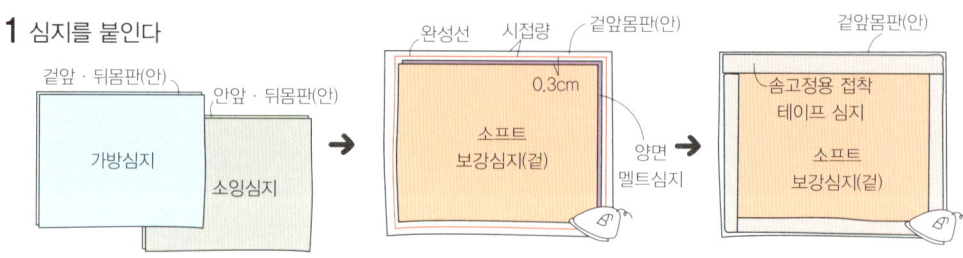

①겉앞몸판(안) 위에 완성선보다 0.3cm 작은 양면 멜트심지와 소프트 보강심지를 올려 2장을 함께 다리미로 잘 다려준다

②솜고정용 접착테이프 심지를 원단 둘레에 맞춰 얹고 다리미로 잘 다려준다

※겉뒷몸판도 ①~②과정과 같은 방법으로 만든다

※소프트 보강심지가 붙은 쪽을 겉앞·뒷몸판의 안쪽으로 설명합니다

2 앞몸판에 라벨을 단다

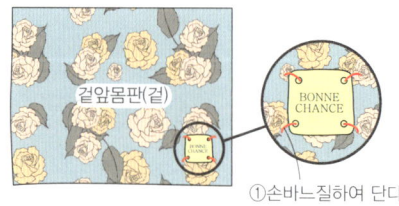

3 D링 고리감을 만들어 몸판에 임시고정한다

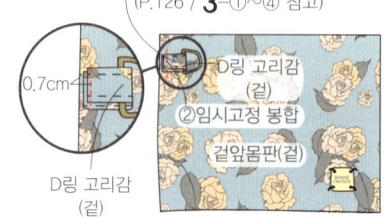

4 안몸판에 안주머니를 단다

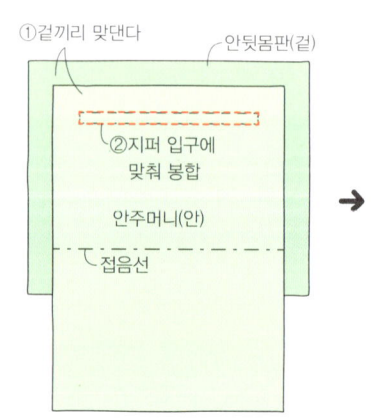

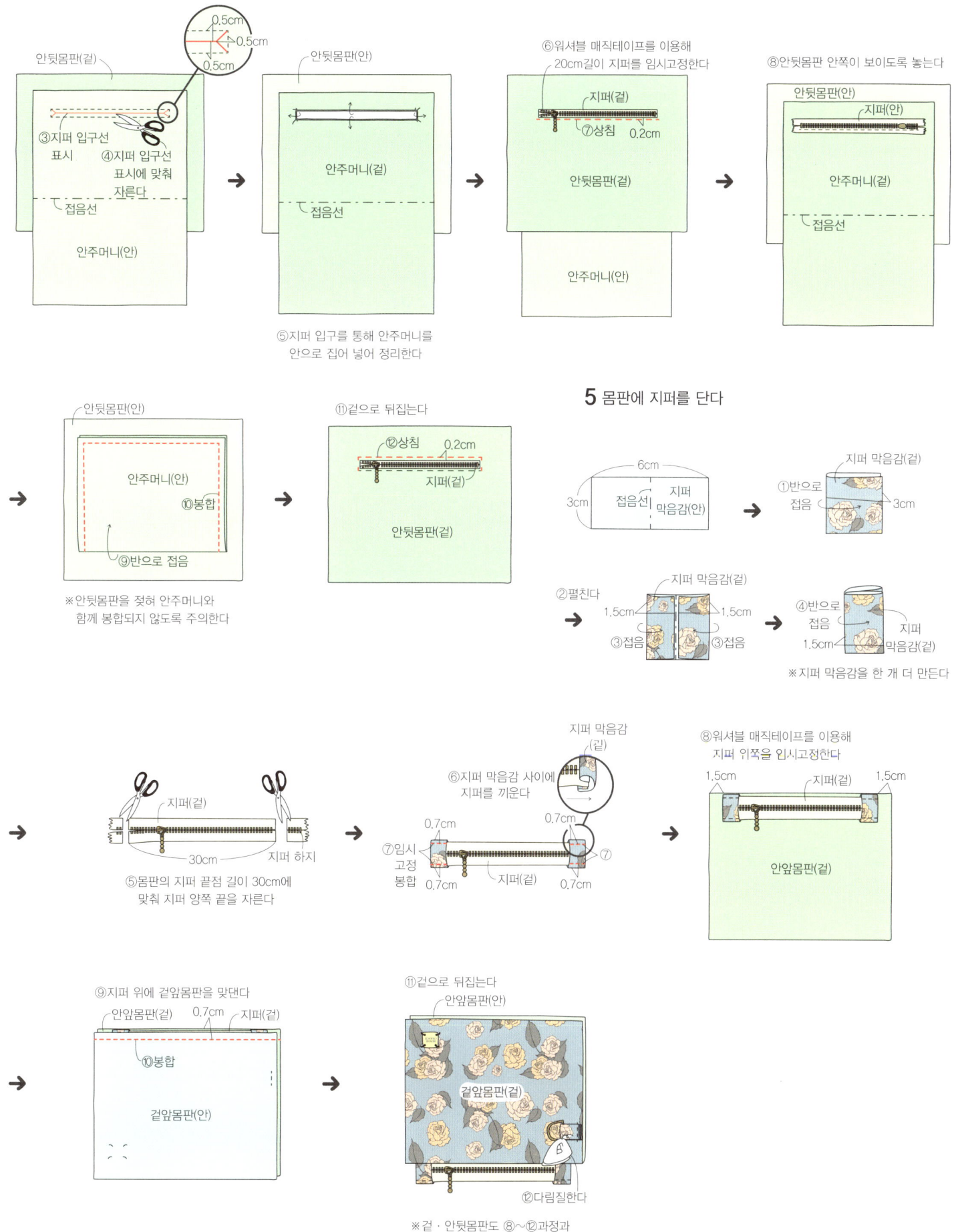

6 겉·안몸판을 봉합한다

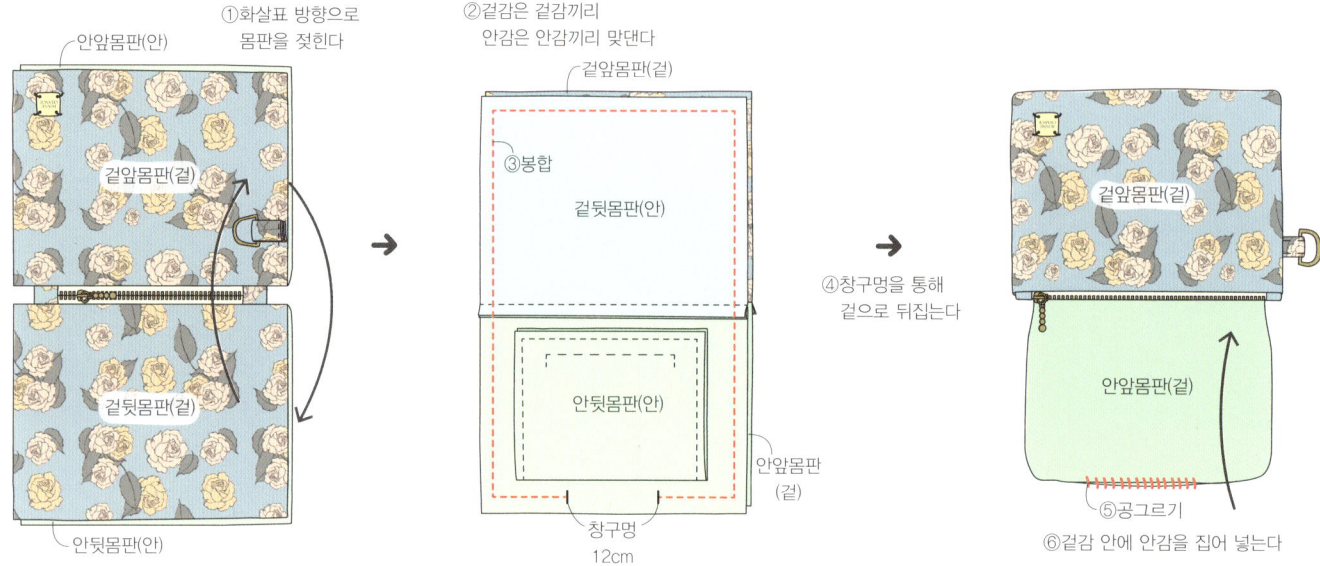

7 D링에 핸드 스트랩을 끼운다

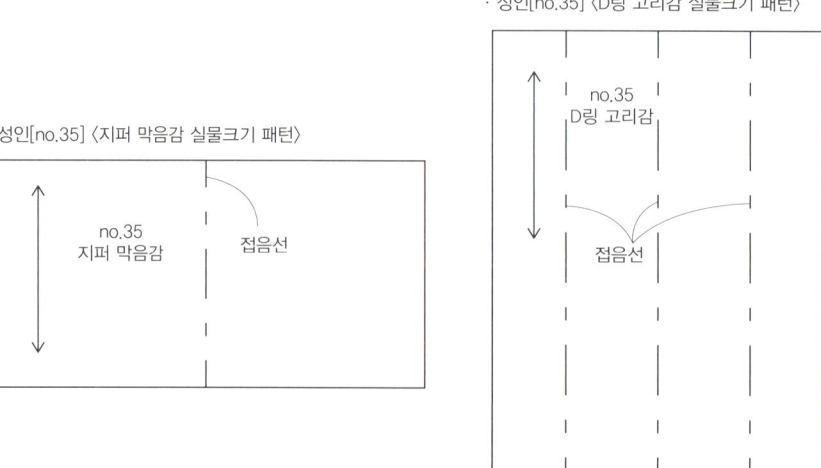

· 성인[no.35] 〈지퍼 막음감 실물크기 패턴〉

· 성인[no.35] 〈D링 고리감 실물크기 패턴〉

no.36 둥근 크로스백

- ▶ 화보 P.50
- ▶ no.36 Pattern A면

아동[no.36] 재료

- 겉감 …… 110cm폭 x 45cm
- 안감 …… 45cm폭 x 45cm
- 소잉심지 …… 20cm폭 x 10cm
- 가방심지 …… 45cm폭 x 45cm
- 안감심지 …… 15cm폭 x 15cm
- 0.7cm폭 미니 O링 연결장식 …… 1개
- 1cm폭 진주 단추 …… 2개
- 1.5cm폭 연결고리 …… 2개
- 1.3cm폭 납작 D링 …… 2개
- 1.5cm폭 길이조절 고리 …… 1개
- 1.4cm폭 자석 단추 …… 1쌍

아동[no.36] 재단배치도

- 지정 이외의 시접은 1cm
- 부분에 소잉심지를 붙인다
- 부분에 가방심지를 붙인다
- 부분에 안감심지를 붙인다
- ⌇ 표시된 부분은 지그재그봉제 또는 오버록 처리한다
- 끈감은 직접 제도하여 사용합니다

완성 사이즈

아동 [no.36] : 17cm × 12cm × 3.5cm (One Size)

만드는 순서

· 아동 [no.36]

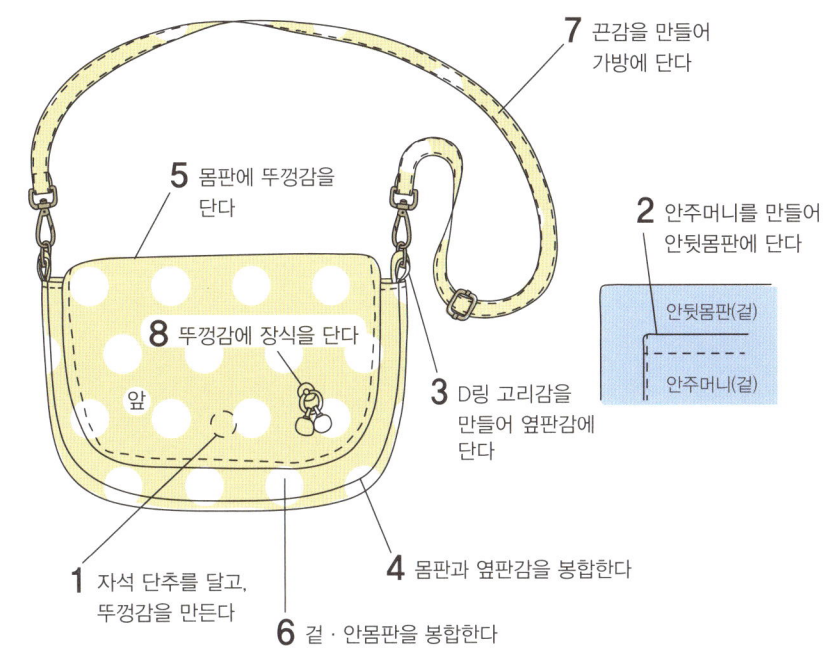

1 자석 단추를 달고, 뚜껑감을 만든다
2 안주머니를 만들어 안뒷몸판에 단다
3 D링 고리감을 만들어 옆판감에 단다
4 몸판과 옆판감을 봉합한다
5 몸판에 뚜껑감을 단다
6 겉·안몸판을 봉합한다
7 끈감을 만들어 가방에 단다
8 뚜껑감에 장식을 단다

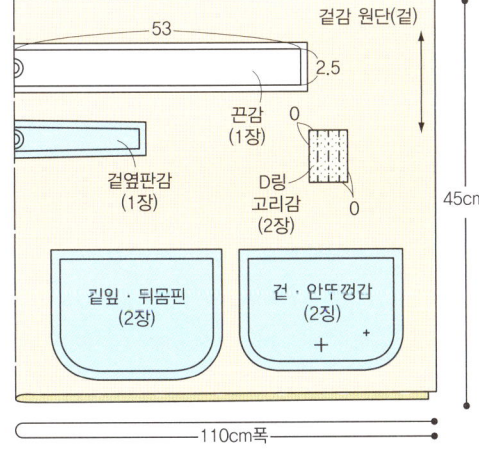

만드는 방법

★치수가 기재되어 있지 않은 곳은 1cm로 봉합합니다.

1 자석 단추를 달고, 뚜껑감을 만든다

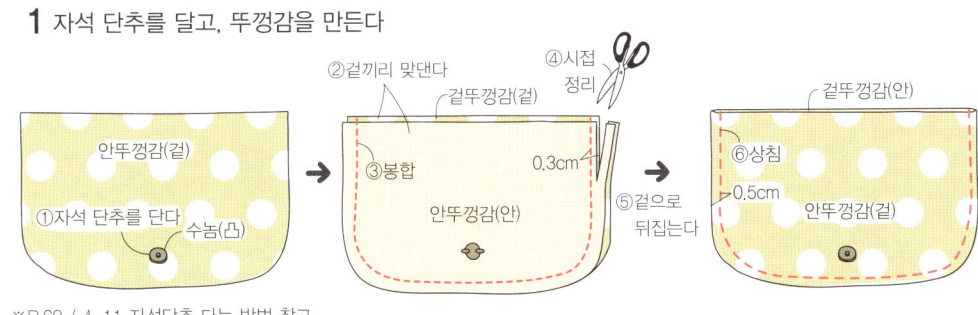

※P.69 / 4-11 자석단추 다는 방법 참고

2 안주머니를 만들어 안뒷몸판에 단다

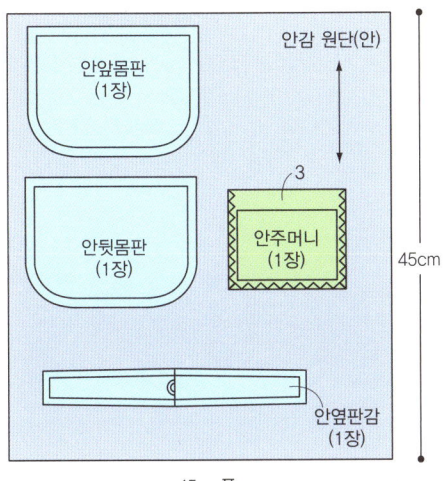
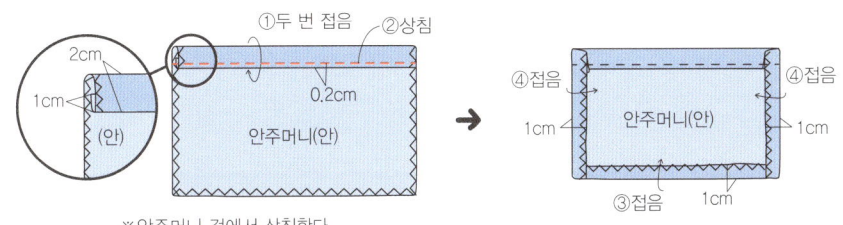

※안주머니 겉에서 상침한다

※no.36(아동) D링 고리감 실물크기 패턴 P.127 참고

3 D링 고리감을 만들어 옆판감에 단다

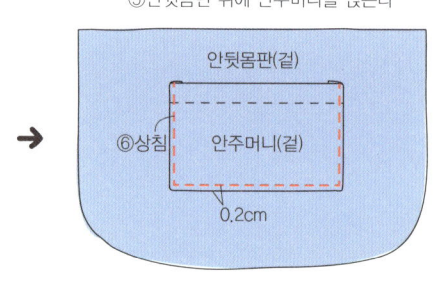

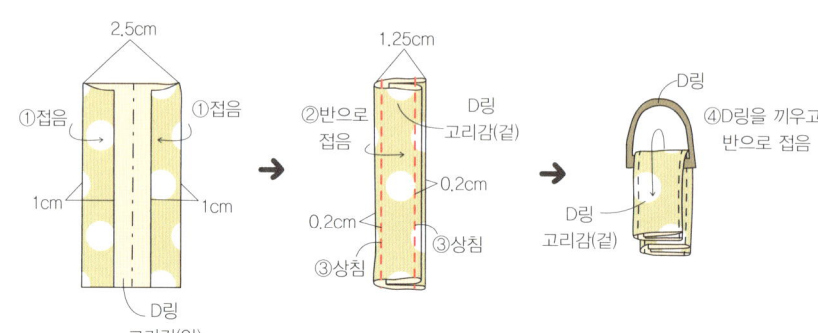

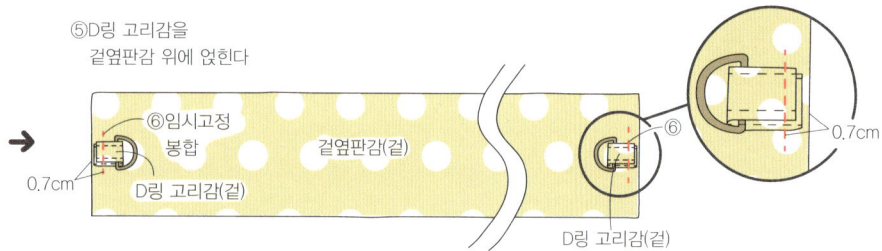

4~5 몸판과 옆판감을 봉합하고, 몸판에 뚜껑감을 단다

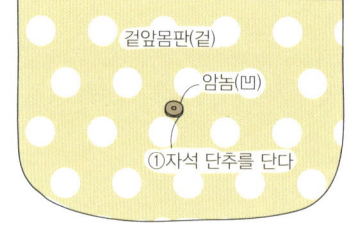

※ P.69 / 4-11 자석단추 다는 방법 참고

6 겉·안몸판을 봉합한다

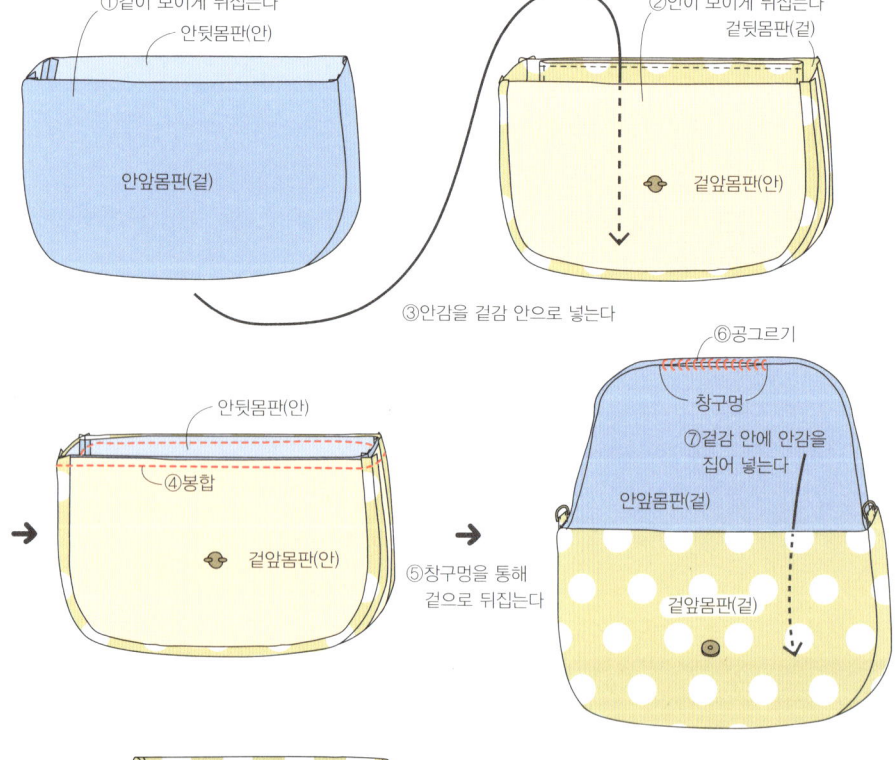

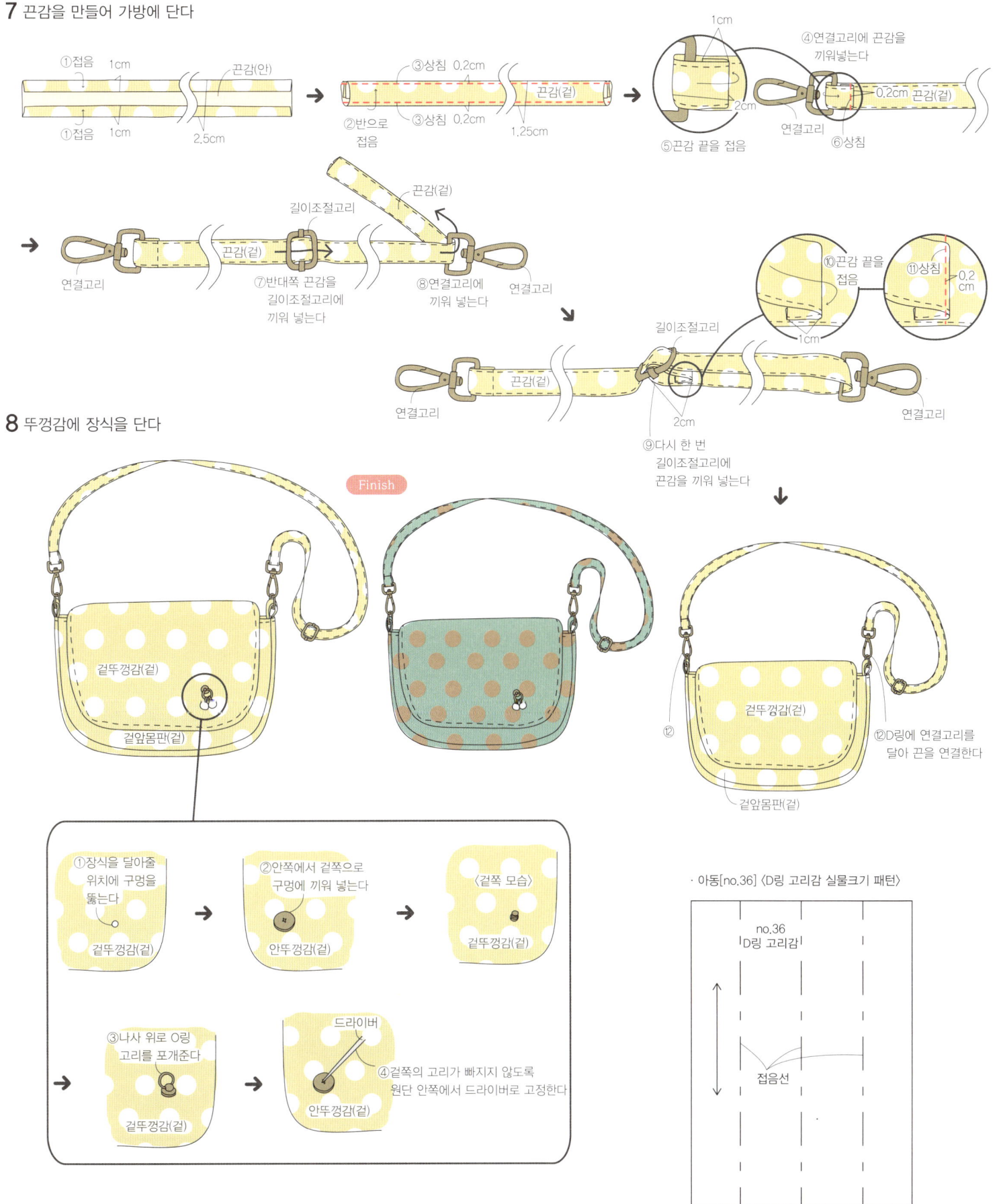

이인자

대학교에서 의상학을 전공했고, 졸업 후 맞춤 의상에 관한 일을 하였다. 두 아이의 엄마가 되어서도 여유가 생기는 대로 아기자기한 패브릭 소품을 만들면서 지내다가, 전문적인 소잉 교육 과정에 관심이 생겨 아시아머신소잉협회(AMSA)에서 정규 과정을 수료하였다. 현재는 아시아머신소잉협회(AMSA) 이사직을 맡고 있으며, 심플소잉 청주 가경점을 운영하고 있다.

[블 로 그] http://blog.naver.com/bbong1115
[인스타그램] simplesewing_haeyo

SEWING HARUE VOL.21 개정판

리넨으로 만드는
엄마와 딸의 커플룩 36

개정판 1쇄 인쇄 2022년 11월 24일
개정판 1쇄 발행 2022년 12월 07일

발행인	정용효	등록번호	제 2016-000002호
저자	이인자	등록일자	2016년 01월 26일
기획/제작	이슬희, 윤효인	발행처	주)핸디스 소잉스토리
감수	브라이언		광주광역시 북구 서암대로 133 (신안동), 3층
편집디자인	추수연	대표전화	062_513_8957
일러스트	이슬희, 윤효인	팩스	062_515_8827
패턴제작	소잉컨텐츠	문의전화	070_8893_9218
패턴편집	이슬희		
사진	Reina Ryu		
모델	이영주(성인) / 김예지(아동)		
촬영장소	마쉬스튜디오		
인쇄	웰컴P&P		

 소잉스토리는
소잉D.I.Y 취미실용서를 출간합니다.
www.sewingstory.com

PRINTED IN KOREA
ISBN 979-11-88062-47-8
ISSN 2092-8769
판매가 19,000원

※ 본 책은 저작권법에 따라 보호받는 저작물이므로 무단전재와 무단복제를 금지하며, 이 책 내용의 전부 또는 일부를 이용하려면 반드시 저작권자 주)핸디스의 서면 동의를 받아야 합니다.

※ 본 책에 사용된 인쇄 용지는 표지-아르떼(210g), 내지-미스틱(105g), 모조지(120g)입니다.

※ 잘못 인쇄된 책은 구입처에서 교환해 드립니다.

초보자의 눈으로 개발하는 **실물 패턴전문 브랜드 패턴인!**

1600 여종의 상품 보유 및 매달 신상품 출시!

point 1

재단배치도 부터 소잉 팁 까지
꼼꼼한 사진제작 설명서와 웹 제작 설명서로

쉽고 재미있게!

point 2

패턴 전문 캐드를 사용한
전사이즈 실물 패턴과 사이즈별 칼라선으로

깔끔하고 편리하게!

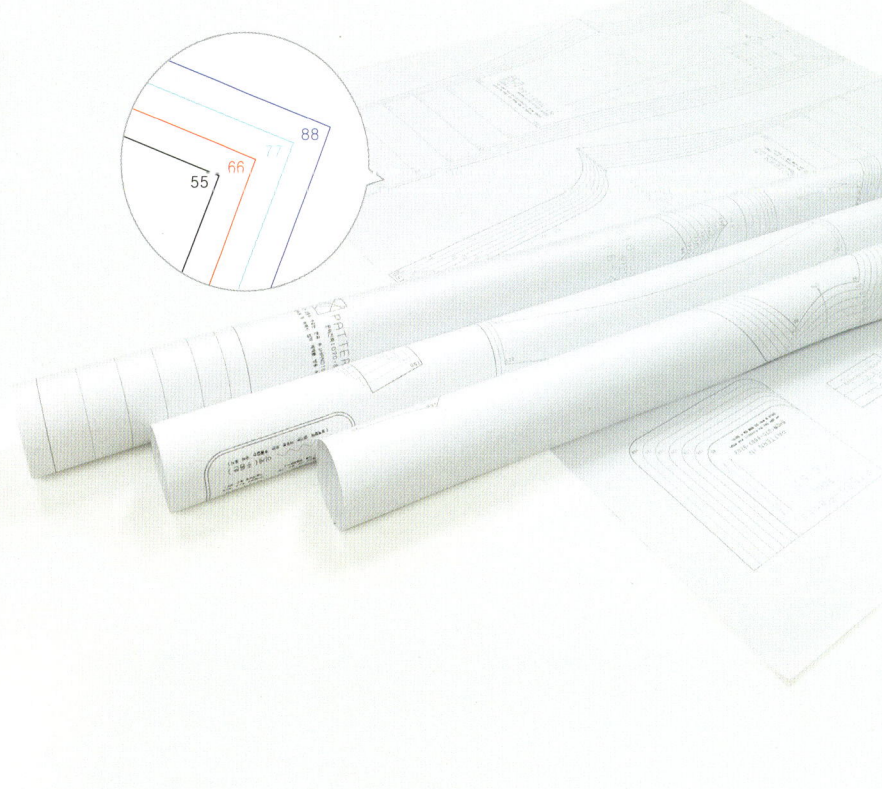

아래의 구매처에서 패턴인의 모든 상품을 만나 보세요!

패션스타트 / 패션스타트 전국 대리점 / 심플소잉 / 심플소잉 전국 대리점
퀼트스타 / 천가게 / 인패브릭 / 앤쏘라이프 / 인패브릭 / 선퀼트
아이러브아이옷 / 원단천국 / 원단1번지

패턴인 스토어팜

대한민국 대표 소잉 D.I.Y 전문 출판사 소잉스토리의 개발 단행본 시리즈

SEWING HARUE

프로페셔널 기획과 짜임새 있는 완성도를 바탕으로
2009년 한국 최초의 소잉 D.I.Y 잡지로 창간된 "소잉 하루에" 시리즈는
현재는 단행본 형식으로 변경하여 매 시즌 트렌디한 아이템들로 기획, 매년 3회씩 발간하고 있습니다.

"소잉 하루에" 만의 특별한 구성!

친절한 sewing tip & all color 일러스트 설명서 & 편리한 실물크기 패턴 부록

한국 소어들의 니즈와 체형에 딱 맞는 아이템들로 기획, 제작한 "소잉 하루에" 시리즈를 지금 만나보세요.

SEWING HARUE vol. 30

**에이프런과 원피스
그리고 리넨 handmade**

20작품 수록 / 108쪽 / 정가 18,000원
실물크기 패턴 2매(4면) 20작품 수록

[에이프런과 원피스 그리고 리넨 handmade] 에서는 다양한 에이프런을 한 권에 담았습니다. 여성 에이프런, 원피스 / 아동 에이프런, 원피스 총 20작품을 수록하였습니다. 나만의 감성 에이프런을 만나보세요.

SEWING HARUE vol. 31

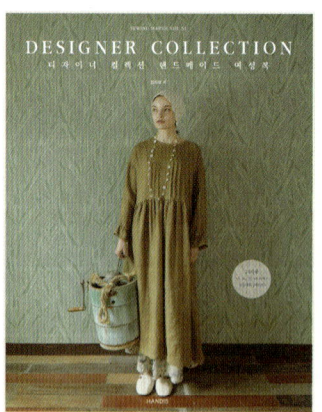

**디자이너 컬렉션
핸드메이드 여성복**

20작품 수록 / 120쪽 / 정가 18,000원
실물크기 패턴 2매(4면) 20작품 수록

[디자이너 컬렉션 핸드메이드 여성복] 에서는 소잉 디자이너의 컬렉션을 컨셉으로 엔틱한 여성 의상을 20작품 수록하였습니다. 소잉 디자이너가 디자인하고 추천하는 여성복 디자인을 감상하시고 나만의 디자인 컬렉션을 만들어보세요.

SEWING HARUE vol. 21 개정판

**리넨으로 만드는
엄마와 딸의 커플룩 36**

36작품 수록 / 136쪽 / 정가 19,000원
실물크기 패턴 2매(4면) 33작품 수록

[리넨으로 만드는 엄마와 딸의 커플룩 36] 에서는 주제를 가지고 데일리룩, 피크닉룩, 리빙룩, 커플 아이템 4가지 테마의 다양하고 실용적인 아이템들을 한 권에 담았습니다. 아이와 함께 입을 수 있는 사랑스러운 리넨 커플룩을 만들어보세요!

SEWING HARUE vol. 24

깔끔한 실루엣의
원피스 만들기 25

25작품 수록 / 128쪽 / 정가 16,000원
실물크기 패턴 2매(4면) 25작품 수록

[깔끔한 실루엣의 원피스 만들기 25]에서는 기본 원피스, 주름 원피스, 프린세스 원피스, 랩 원피스, 셔츠 원피스, 소품 총 6가지 테마의 원피스와 소품 25작품을 한 권에 담습니다. 아름다운 실루엣이 가득한 원피스 작품들을 만들어보세요!

SEWING HARUE vol. 25

편안하고 특별한
핸드메이드 여성복

31작품 수록 / 144쪽 / 정가 18,000원
실물크기 패턴 2매(4면) 31작품 수록

[편안하고 특별한 핸드메이드 여성복]에서는 나의 일상을 채워 줄 다양한 스타일의 여성복을 소개합니다. 베스트, 티셔츠, 블라우스, 셔츠, 자켓, 하의 총 6가지 테마의 작품 31종을 수록하였습니다. 일상 속 소잉의 즐거움을 느껴보세요.

SEWING HARUE vol. 26

네 가지 스타일의
핸드메이드 여성복

32작품 수록 / 152쪽 / 정가 18,000원
실물크기 패턴 2매(4면) 32작품 수록

[네 가지 스타일의 핸드메이드 여성복]에서는 네 작가들의 각각의 취향과 마음을 담은 작품들을 소개합니다. 작가별로 8작품씩, 총 32작품을 수록하고 있어 다양한 스타일의 아이템을 한 권으로 만날 수 있습니다. 나의 취향을 발견해보세요.

SEWING HARUE vol. 27

Daily lady's closet
사계절 핸드메이드 여성복

20작품 수록 / 120쪽 / 정가 18,000원
실물크기 패턴 2매(4면) 20작품 수록

[Daily lady's closet 사계절 핸드메이드 여성복]에서는 일 년 내내 다양하게 레이어드하여 즐길 수 있는 여성복 상의, 원피스, 하의, 아우터, 소품 총 20작품을 수록했습니다. 간편하면서도 감각적인 데일리 룩을 만나보세요.

SEWING HARUE vol. 28

직접 만들어 입고 싶은
COUPLE LOOK 20

20작품 수록 / 108쪽 / 정가 18,000원
실물크기 패턴 2매(4면) 20작품 수록

[직접 만들어 입고 싶은 COUPLE LOOK 20]에서는 사랑하는 사람과 함께 즐길 수 있는 커플 룩을 주제로 남/여 의상 20작품을 10가지 커플 룩으로 수록했습니다. 사랑하는 사람과 함께 세상에 단 하나뿐인 커플 패션을 즐겨보세요.

SEWING HARUE vol. 29

우리 아이를 위한
특별한 핸드메이드 옷과 소품

23작품 수록 / 112쪽 / 정가 18,000원
실물크기 패턴 2매(4면) 22작품 수록

[우리 아이를 위한 특별한 핸드메이드 옷과 소품]에서는 사랑스러운 우리 아이를 위한 의상과 소품 총 23작품을 50~70사이즈, 80~130사이즈로 알차게 담았습니다. 마음과 정성을 다해 세상에 단 하나뿐인 작품을 만들어 선물해보세요.

**여러 구매처 및 온/오프라인 서점에서
다양한 〈소잉 하루에〉 시리즈를 만나 보세요!**

 패션스타트  심플소잉  퀼트스타  패턴인 스마트스토어

SEWING STORY

핸디스 소잉스토리 출판사는 소잉 D.I.Y 전문 출판사입니다. 개발 단행본 시리즈인 소잉 하루에, 그리고 일본에서 인기 있는 소잉 서적을 번역하여 출간합니다. 소잉스토리 홈페이지에서 더 많은 출간서적을 확인해보세요.

소잉하는 사람의 마음과 손으로 짓는 책, 소잉스토리의 안목으로 선정한 번역서들을 만나보세요.

PET PATTERN BOOK
사계절 강아지 옷 패턴북

26작품 수록 / 96쪽 / 정가 19,500원
실물크기 패턴 3매(6면) 25작품 수록

[PET PATTERN BOOK 사계절 강아지 옷 패턴북]에서는 귀여운 강아지들을 위한 다양한 디자인의 의상과 소품을 한 권에 담았습니다. 나의 소중한 반려견에게 직접 만든 건강한 옷으로 행복을 선물해 보세요!!

오늘도 내일도
핸드메이드 원피스

21작품 수록 / 88쪽 / 정가 18,000원
실물크기 패턴 2매(4면) 16작품 수록

[오늘도 내일도 핸드메이드 원피스]에서는 심플하고 밝은 느낌의 다양한 여성 원피스로 구성되어 있습니다. 나만의 감성을 자극하는 원피스로 사랑스러운 느낌을 연출해 보세요.

내가 만들어 입는
코디네이트 룩

26작품 수록 / 88쪽 / 정가 18,000원
실물크기 패턴 2매(4면) 26작품 수록

[내가 만들어 입는 코디네이트 룩]에서는 셋업 스타일을 주제로 총 6가지 코디를 구성하여 다양한 디자인의 여성복 아이템들을 한 권에 담았습니다. 심플하고 멋스러운 셋업 스타일을 즐겨보세요.

리넨으로 만드는
에이프런과 소품 36

36작품 수록 / 88쪽 / 정가 18,000원
실물크기 패턴 1매(2면) 36작품 수록

[리넨으로 만드는 에이프런과 소품 36]에서는 다양한 디자인의 여성 에이프런과 여성복, 커플로 코디할 수 있는 남성용, 아동용 에이프런과 소품을 한 권에 담았습니다. 나와 사랑하는 사람들을 위한 에이프런을 지금 만들어 보세요.

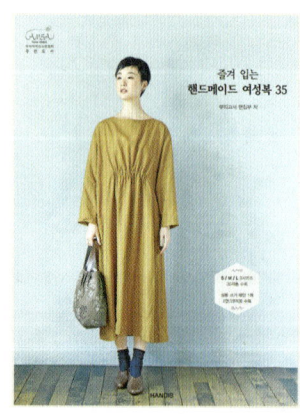

즐겨 입는
핸드메이드 여성복 35

35작품 수록 / 88쪽 / 정가 18,000원
실물크기 패턴 1매(2면) 28작품 수록

[즐겨 입는 핸드메이드 여성복 35]에서는 다양한 형태의 여성복을 소개합니다. 또한 나만의 코디를 돋보이게 해줄 가방과 브로치 등 소품들을 함께 담았습니다. 나만의 감성, 취향을 한껏 담은 핸드메이드 패션을 즐겨보세요.

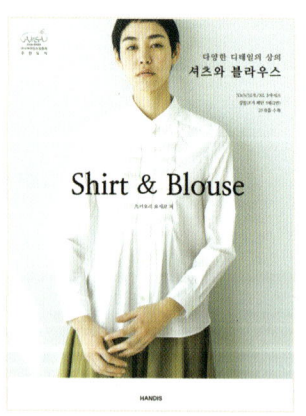

다양한 디테일의 상의
셔츠와 블라우스

25작품 수록 / 96쪽 / 정가 16,000원
실물크기 패턴 1매(2면) 25작품 수록

[다양한 디테일의 상의 셔츠와 블라우스]에서는 다양한 디테일이 담긴 여성 상의들을 소개합니다. 소매의 형태부터 밑단 처리, 핀턱 장식 등 소잉에 유용한 디테일이 담긴 작품이 25종 수록되어 있습니다. 내가 원하는 디테일을 골라 만들어보세요.

여러 구매처 및 온/오프라인 서점에서 다양한 소잉스토리 서적들을 만나 보세요!

패션스타트   심플소잉   퀼트스타   패턴인 스마트스토어

Tiffany

바늘 끝에서 피어나는 아름다움

심플하고 세련된 외모와 독보적인 자수 사이즈로
가정용 자수기의 한계를 뛰어넘어
작품을 예술 그 자체로 만들어줍니다.

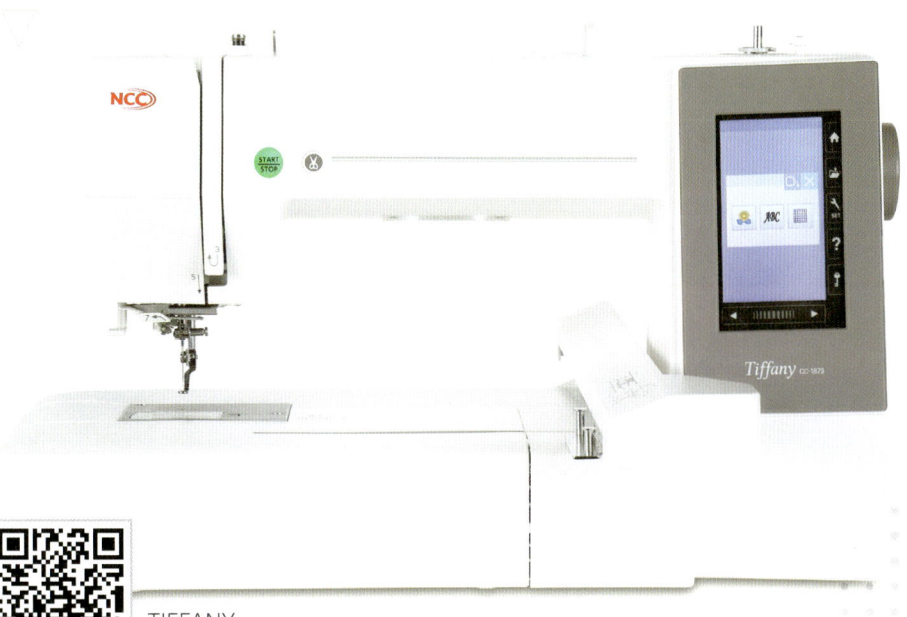

TIFFANY
자세히 알아보기

TIFFANY 특징

01 시크한 웜그레이 포인트 디자인

02 최대 자수 영역 200×360mm

03 최대 자수 속도 860SPM

04 180가지 실용적인 내장 자수 디자인

TIFFANY 기능

와이드 자수 캐리지
초대형 후프를
안전하게 지탱

자수틀 고정장치
더 간편하고 안정적인
레버 + 핀고정 방식

확장판 테이블
더 넓은 작업 공간

LED 조명
어두운 곳에서
더 빛나는 5개의
LED 조명 탑재

프리텐션 실가이드
윗실의 꼬임·빠짐을
방지하여 실공급을
원활하게

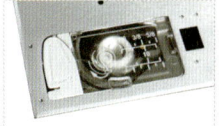

3곳의 사절 장치
가위 없이도
언제나 편리하게

심플소잉

국내 최초 재봉틀 공방 브랜드

심플소잉은 국내 30여 개의 대리점을 보유한 국내 최초 DIY 소잉 전문 브랜드입니다.

어떤 분야에 관심이 있으신가요

재미와 실용성을 두루 갖춘 **소품 만들기 과정**

내 손으로 옷을 짓는 감동 **옷 만들기 과정**

소잉의 모든 것 '심플소잉'

고품질의 미싱
디자인, 기능, 내구성을 두루 갖춘 품격있는 미싱을 직접 체험할 수 있습니다.

다양한 소잉 전문 원단/부자재
국내·외 다양한 원단/부자재를 보유하고 있어 작품의 완성도를 높여줍니다.

체계적인 소잉 교육
기초부터 마스터까지 전문 강사님과 함께하여 어렵기만 했던 소잉이 쉽고 재미있어집니다.

AMSA
Asia Machine Sewing Association
사단법인 아시아 머신 소잉 협회

전문 강사반 운영
AMSA만의 소잉 전문 교육을 통해 소잉 작가로서의 활동은 물론 공방 창업에 큰 도움을 드립니다.

심플소잉 대리점 안내

서울·경기·강원 지역

강남개포점	070-8836-9394	경기광주오포점	031-767-6415
남양주별내점	031-572-7353	동탄호수점	031-373-3025
분당판교점	031-703-3841	수원광교점	031-211-3885
수원영통점	031-273-9411	수지신봉점	031-264-3769
안양동편마을점	031-703-7249	용인죽전점	031-265-0301
원주단구점	033-762-0251	이천창전점	031-638-8904
인천구월점	032-233-0708	일산주엽점	031-906-6577
하남미사점	031-795-3108	화성동탄점	070-4190-3830

충청 지역

대전노은점	070-7776-5337	서산호수공원점	041-665-0607
아산배방점	041-532-5476	제천중앙점	043-642-3106
천안백석점	070-4078-9135	천안신방점	041-579-7275
청주가경점	043-232-0306	청주율량점	043-900-3579

경상 지역

경주용황점	010-9778-5588	김해내외점	055-337-5744
동래온천점	051-365-1591	울산약사점	052-296-1009
창원남양점	055-263-5662	포항대이점	054-272-6349

전라 지역

광주시청점	062-375-0525	군산지곡점	063-468-6338
목포하당점	061-287-8155	순천동외점	061-900-9965
여수엑스포점	061-642-0427	전주송천점	063-278-1088

차별화된 '심플소잉'만의 교육

- 수강 최대 인원 5명 소수 인원제 밀착 수업
- 내 스케줄에 맞춰 수강하는 수업 사전 예약제
- 충분히 갖춰진 소잉 전문 환경
- 정규과정 교재 & 실물 패턴 제공

- 홈패션, 소품, 의상을 한 곳에서
- 초보에서 마스터가 되기 위한 단계별 학습
- 모두 똑같은 패키지 NO! 나만의 개성 있는 작품
- 소잉 전문 교육을 통한 창업 인재 양성

대리점 개설 상담 및 문의

Kohas iD Co., Ltd

1644-5662

민간자격 등록번호 2017-004750

사단법인 AMSA 아시아머신소잉협회

〈2022년 제13회 전시회〉 주제-소잉 콘서트

〈2021년 제12회 전시회〉 주제-나가다 만나다

〈2020년 제11회 전시회〉
주제-SEWING WITH MOVIES

아시아머신소잉협회(AMSA : ASIA MACHINE SEWING ASSOCIATION)는
소잉전문영역에서 가장 높은 교육수준을 유지하여 작가와 강사를 양성하고,
그 강사들이 모여 구성된 명실공히 국내 최대의 협회입니다.
AMSA는 능률적이고 안정적인 소잉을 구현할 수 있는 소잉기술을 바탕으로
교육 프로그램, 교재를 마련하고 이들의 품질을 계속적으로 개선하고 감독합니다.
또 강사에게 자격을 부여하고 AMSA 교육을 전파하기 위한 지원 서비스를 합니다.

소잉마이스터강사 320명	90개의 대리점과 공방
매년 2,400명 취미반 양성	강사준비 500명 진행중

AMSA 정규과정 운영과정

취미반 수강 (2~6개월)
▼
AMSA 정규과정 수강 (6~15개월)
▼
포트폴리오 등록 (인증시험 2개월전)
▼
포트폴리오 및 실물 심사 (인증시험 1개월전)
▼
정규과정 인증시험 합격
▼
소잉 아트 디자이너 자격 취득
▼
MSET 수료 또는 소잉 관련학과 졸업과 심사
▼
소잉 마이스터 자격 취득
▼
정규과정 교육운영 (강사용 정규과정 교재 수령)

※ 본 머신 소잉 지도강사 자격은 매년 갱신됩니다.

협회원 누적 15,000명이 먼저 경험한 검증된 정규 운영과정입니다.
취미반부터 소잉 지도강사 자격증까지 쭉 경험해보세요.

**여러분도 창업이 가능한 소잉강사가 될 수 있습니다.
지금 바로 문의하세요~**

AMSA 사무국　전화번호 070.8281.8958　팩스 062.522.8827　이메일 amsa2009@naver.com　홈페이지 amsa.or.kr
사무국 주소 - 광주광역시 북구 서암대로 133.3층　교육장 주소 - 대전광역시 서구 탄방동 768, 5층 501호

Happy Bears
해피베어스

For your happy sewing

FROM HAPPY BEARS

직접 만들어서 더 의미있는 DIY 작품은 어떤 마음을 가지고 만드냐에 따라서 그 가치가 또 달라지는 것 같아요. 누군가를 걱정하고, 아끼고, 사랑하는 마음을 담아 완성 한다면 그 마음까지 함께 고스란히 전해지는 것이 손으로 직접 만드는 핸드메이드(HAND MADE)가 아닐까 생각됩니다 :)

해피베어스 역시 소잉 DIY를 하는 모든 사람들을 위하는 마음을 담아 소잉작업에 필요한 좋은 상품(Product)을 고민하여 보다 더 멋진 작품을 완성할 수 있고, 늘 즐겁고 행복한 작업시간을 가질 수 있도록 가치있고, 실용적인 다양한 소잉 부자재를 기획하는데 노력하고 있습니다.

01 작품의 완성도와 품격을 UP↑
프라임 소잉전용실

의상, 소품, 홈패션, 미싱퀼트, 자수 등 작품 구분없이 사용 가능하며 일반 원단부터 아사(론), 시폰, 수영복원단, 다이마루, 모직 등 다양한 원단을 봉제할 수 있는 멀티실입니다. 코어(CORE)사로 일반 폴리에스테르실에 비해 내구성이 Good! 파인 프라임(53수2합/얇은 원단용), 프라임(45수2합/일반 원단용), 스티치 프라임(29수3합/두꺼운 원단용) 총 3종으로 구성.

SIZE 약 바닥 3 X 높이 5cm
　　　파인 프라임/프라임(400m), 스티치 프라임(200m)
PRICE 프라임 2,600원 / 파인, 스치티 프라임 2,800원

02 린넨에 잘 어울리는 따뜻한 색감
프라임 소잉전용실 린넨 40색 패키지

린넨 원단에 어울리는 내추럴한 색감의 프라임 소잉전용실(45수2합) 40색이 1세트로 구성되어 있습니다. 따뜻한 색감에 스탬핑 처리되어 있는 감각적인 디자인의 크라프트 실박스에 깔끔하게 담겨 있습니다.

SIZE 박스사이즈 약 가로 19 X 세로 28.5 X 높이 6.5cm
PRICE 93,600원

03 달달한 분위기를 더해요
마시멜로 무지개실

실 한가닥에 다채로운 색상이 그라데이션되어 있어 무척 매력적인 무지개실. 미싱퀼트, 미싱자수, 의상, 소품, 홈패션 등 다양한 작품에 사용할 수 있는 달콤한 멀티실입니다. 일반 무지개실과 달리 실 중심에 나일론사가 들어있는 코어(CORE)사로 내구성 또한 Good! 총 10컬러 구성.

SIZE 약 바닥 3 X 높이 5cm / 45수2합 / 400m
PRICE 3,800원

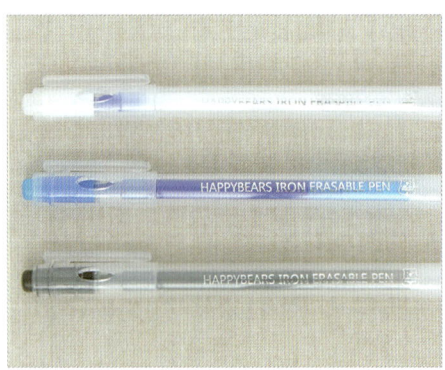

04 제도/재단 작업시 없어선 안될 필수템
아이론 열펜

펜 촉의 팁 두께는 0.5mm 정도로 선이 비교적 가늘고 견고하게 그어지기 때문에 섬세한 작업에 사용하기 좋고, 작업후 다리미의 열만으로 쉽게 선을 지울 수 있어 간편합니다. 3가지 색상으로 구성.

SIZE 심 두께 약 0.5mm
PRICE 1,800원

05 덕분에 작업 시간이 줄었어요
아이론 시접자

아이론 시접자는 고열에 녹지 않는 특수 열경화성 아크릴 소재로, 직선, 곡선, 완만한 곡선, 각지거나 둥근 모서리 부분 등 거의 모든 시접 부분을 한번에 손쉽게 다릴 수 있는 스마트한 시접자입니다. 원단을 꺾어 원하는 치수에 재단선을 맞춘 다음, 꺾인 부분을 다려주세요. 2가지 사이즈로 구성.

SIZE 약 20X10cm / 약 30X10cm / 두께 약 0.4mm
PRICE 10,000원 / 12,000원

06 작품의 완성도는 다림질에서 결정!
아이론 매트(다리미 스펀지)

아무리 봉제를 잘했어도 다림질이 어색하면 완성도도 떨어지고, 멋진 라인을 만들기 힘들죠! 안정감있는 넓은 사이즈, 내구성과 실용성 만점인 아이론 매트는 원하는 예쁜 원단으로 커버링을 해주면 디자인까지 만점이 되는 강추 아이템! 2가지 사이즈로 구성.

SIZE 약 60X45cm / 약 150X50cm / 두께 약 3cm
PRICE 9,000원 / 17,000원

〈상품구매처〉 심플소잉 / 심플소잉대리점 / 패션스타트 / 패션스타트 대리점 / 퀼트스타 / 그외 온·오프라인